ESTHER CHANG
mit Eugene Bach

Die Schmugglerin des Lichts

Strahlen der Hoffnung im finstersten Land der Welt

BRUNNEN
Verlag GmbH · Giessen

Die englischsprachige Originalausgabe erschien unter dem Titel:
"Smuggling Light: One Woman's Victory
over Persecution, Torture and Imprisonment"
bei Whitaker House, 1030 Hunt Valley Circle,
New Kensington, PA 15068, USA. www.whitakerhouse.com
Alle Rechte vorbehalten.
© 2016 Esther Chang mit Eugene Bach

Aus dem Englischen von Renate Hübsch

Namen, Orte und Daten wurden geändert,
um die betreffenden Personen zu schützen,
soweit sie in China und Nordkorea leben.

Bibelzitate folgen im Allgemeinen
dem *Bibeltext der Neuen Genfer Übersetzung* – Neues Testament und Psalmen.
Copyright © 2011 Genfer Bibelgesellschaft.
Wiedergegeben mit freundlicher Genehmigung.
Alle Rechte vorbehalten.

Das Zitat S. 12 Jesaja 43,1 aus: *Die Bibel nach Martin Luthers Übersetzung,*
revidiert 2017, © 2016 Deutsche Bibelgesellschaft, Stuttgart. Die Verwendung
des Textes erfolgt mit Genehmigung der Deutschen Bibelgesellschaft.

MIX
Papier aus verantwortungsvollen Quellen
FSC® C083411

© der deutschen Ausgabe Brunnen Verlag Gießen 2018
Umschlagfoto: Palidachan/Shutterstock.com
Umschlaggestaltung: Jonathan Maul
Satz: DTP Brunnen
Druck: CPI – Ebner & Spiegel, Ulm
ISBN Buch 978-3-7655-4328-9
ISBN E-Book 978-3-7655-7504-4
www.brunnen-verlag.de

Inhalt

Vor etwa zehn Jahren

An der Grenze zwischen Nordkorea und China

„Hallo?" Esthers Stimme am Telefon klang unsicher. Sie hatte die Nummer erkannt, aber trotzdem konnte sie nie wissen, wer am anderen Ende der Leitung war. Sie gab sich immer ein wenig verwirrt, bis sie sicher war, dass der Anruf nicht von der Polizei kam.

„Esther", sagte eine verzweifelte Stimme. „Ich brauche Hilfe. Ich bin angeschossen."

Dann war die Leitung tot.

Esther erkannte die Stimme sofort. Es war Peter. Sie hatte den Mann aus Nordkorea seit über zwei Jahren im Glauben begleitet. Esther presste den Hörer noch eine halbe Minute lang ans Ohr für den Fall, dass die Verbindung wiederhergestellt wurde. Aber sie hörte nichts mehr.

Peter war einer von vielen Nordkoreanern, die illegal durch einen der beiden Flüsse Tumen oder Yalu nach China gingen, um Lebensmittel zu kaufen oder Geld zu verdienen, damit ihre Familien etwas zu essen hatten. Die Grenzflüsse sind an beiden Ufern streng bewacht und die Wachen schießen meist sofort, ohne sich erst mit Fragen aufzuhalten.

Um ungesehen über den Fluss zu kommen, lag Peter meist den Tag über so still wie möglich in einem Feld am Fluss. Er bewegte sich nur zentimeterweise vorwärts, um keine Aufmerksamkeit auf sich zu ziehen. Im Dunkel der Nacht, wenn man ihn am wenigsten ausmachen konnte, ging es dann rascher durch das Gebüsch bis zum Ufer. Dort angekommen zog er die Kleider aus, glitt in der Dunkelheit langsam in das eisige Wasser und ans andere Ufer, die Kleidung hoch über dem Kopf haltend, damit sie nicht nass wurde. Er wusste: Es war gefährlich. Aber er wusste auch: Wenn er diesen Weg nach China nicht immer wieder auf sich nahm, würden er und seine Familie verhungern.

So oder so riskierte er sein Leben.

In dieser Nacht verlief alles wie geplant. Auf der chinesischen Seite angekommen, wollte Peter den einzigen Menschen anrufen, von dem er wusste, dass er ihm helfen konnte – Esther. Sie war die Erste, die ihm von Jesus erzählt hatte, und durch sie hatte er zum rettenden Glauben gefunden. Über etliche Monate hatte sie ihn bei sich zu Hause unterrichtet. Sie hatte ihm auch Geld, Lebensmittel, Kleidung, Decken, ein Mobiltelefon, Hörbibeln und einen Videorekorder mit dem Jesusfilm gegeben – Dinge, die er in seinem Dorf weiterverteilen sollte. Einmal hatte Esther sogar drei ehemalige amerikanische Soldaten engagiert, um ihn nach Nordkorea zurückzuschmuggeln. Aber als alle Hörbibeln an seine Nachbarn verteilt und Lebensmittel und Geld verbraucht waren, musste Peter wieder über die Grenze nach China.

Er wollte gerade an Land gehen, als eine Wache ihn im Dunkeln anrief. Weil das Wasser die Stimme wie ein Echo zurückwarf, konnte Peter nicht ausmachen, aus welcher Richtung die Rufe kamen. Aber er wusste, dass sie ihn entdeckt hatten. Er bewegte sich rascher durch das eiskalte Wasser in Richtung auf das chinesische Ufer, um im angrenzenden Wald unterzutauchen. Kaum hatte er das vereiste Ufer erklommen, als ein Schuss fiel. Er riss den Kopf herum und sah noch die Zündung in der Gewehrmündung aufblitzen, dann schoss ihm ein scharfer Schmerz durchs Bein. Verwundet, aber am Leben gelang es ihm, den Wald zu erreichen und Esther anzurufen.

Etliche Meilen entfernt machte Esther sich Sorgen. Diese Wendung der Dinge hatte sie nicht vorhersehen können. Sie betete für Peter, während sie sich ihr Schultertuch umlegte und aufbrach, um ihn zu finden.

„Wo gehst du hin, Mama?", fragte ihr Sohn.

Was sollte Esther sagen? Sie wusste nicht, wo sie nach Peter suchen sollte, wie sie ihn finden konnte oder was sie tun sollte, wenn sie ihn fand. Vor ihrem inneren Auge entstanden klare Bilder: Peter, der irgendwo in einem Feld lag und aus einer Schusswunde blutete. Sie wusste, jetzt brauchte er ihre Hilfe dringender als je zuvor.

„Wo gehst du hin?", wiederholte ihr Sohn.

„Ich weiß es noch nicht genau. Du bleibst hier bei deiner Großmutter", sagte sie, trat durch die Haustür nach draußen und wartete auf ein Taxi.

Zu der Zeit, als Esther in ein Taxi stieg, hatten die chinesischen Grenzwachen Peter bereits im Visier.

Von Jahr zu Jahr versuchen mehr Nordkoreaner, über die Grenze nach China zu kommen. Die Grenzposten sind inzwischen sehr erfahren darin, diese „Illegalen" aufzugreifen, zielsicher wie Jäger durch jahrelange Übung. Die Jagd auf Flüchtlinge gilt bei den chinesischen Truppen geradezu als beste Einführung für Anfänger im Grenzwachdienst. Die Neulinge werden häufig für die längste Schicht in den frühen Morgenstunden eingeteilt. Wenn sie keine Erfolge aufweisen können, sprich, keine Flüchtlinge entdeckt haben, werden sie am Ende der Woche bestraft. Umgekehrt wird derjenige, der die meisten „Illegalen" festgenommen hat, zum Sieger der Woche erklärt. Damit verbunden ist das Recht, andere Wachen im Dienst zu verhöhnen.

Das Tragische daran ist: Diese Grenzposten machen ja keine Jagd auf Tiere. Sie machen sich einen Spaß daraus, hungernde Menschen zu jagen, Mitmenschen, die niemandem schaden und nichts anderes wollen, als einfach zu überleben. Was die Sache verschlimmert, ist die starke Unterernährung der Flüchtlinge, die sie zu einer leichten Beute macht, sobald sie entdeckt sind – sie haben einfach keine Kraft, rasch zu fliehen.

Das galt auch für Peter. Sie fanden ihn, kurz nachdem er Esther angerufen hatte. Er wurde sofort verhaftet und man zwang ihn, bis zur nächsten Straße zu laufen, obwohl sein Bein schwer verletzt war.

Dort angekommen übernahm ihn ein Polizeibeamter, um ihn in das Hauptgefängnis außerhalb der Stadt Tumen zu bringen. „Habt ihr ihn durchsucht?", erkundigte sich der Polizist bei der Wache.

„Er ist doch nur Haut und Knochen. Was könnte der schon bei sich tragen?", gab der Wachtposten scharf zurück und machte damit deutlich, dass er einem Polizisten nicht Rede und Antwort stehen musste.

„Das spielt keine Rolle. Vorschriften müssen befolgt werden. Wer weiß, was diese Hunde alles mitschleppen", erwiderte der Polizist und begann, Peter zu durchsuchen. In einer Innentasche fand er Peters Mobiltelefon und hielt es ihm vors Gesicht. „Mit wem hast du gesprochen?"

Der Polizist sah sich die Anrufliste an und wählte die letzte Verbindung. Am anderen Ende nahm Esther den Anruf an. „Hallo? Peter? Wo bist du?"

Flüsternd und routiniert antwortete der Polizist: „Bist du es?" Offensichtlich hatte er solche Anrufe schon öfters getätigt.

„Ja, ich bin's. Esther. Wo bist du?" Sie schwieg. Irgendetwas stimmte nicht. Am anderen Ende herrschte lange Schweigen.

„Wo bist du jetzt?", flüsterte der Polizist.

Esther wurde klar, dass das nicht Peter war. Sie legte auf, aber sie wusste, dass sie sich verraten hatte.

„Sie ist es!", rief der Polizist.

„Wer?", wollte der Wachposten wissen.

„Esther. Diese Frau, die wir schon seit Jahren suchen."

Es stimmte. Esther war gerade erst aus einem chinesischen Gefängnis entlassen worden. Sie war wegen „Menschenhandel" verurteilt worden. Ein paar Tage zuvor war ihr Name erwähnt worden, als die chinesische Polizei einen nordkoreanischen Attentäter festgenommen hatte. Es hatte sich herausgestellt, dass China nicht das einzige Land war, in dem nach Esther gefahndet wurde.

Die Regierung von Nordkorea versucht schon lange, das „Problem" der chinesischen Christen zu lösen, die an der Grenze zu Nordkorea leben und Nordkoreanern in ihrer Not helfen. Die nordkoreanischen Flüchtlinge, die in

Scharen nach China kommen, um Geld und Lebensmittel zu beschaffen, wissen: Häuser mit einem Kreuz an der Tür bieten ihnen Zuflucht. Seit Jahrzehnten kommen viele Nordkoreaner zum Glauben an Christus, weil chinesische Christen den Mut haben, ihnen ihre Türen zu öffnen.

In den Augen der nordkoreanischen Regierung war Esther eine der Schlimmsten unter diesen chinesischen Gesetzesbrechern. Man hatte sie schon einmal inhaftiert (wie auch die chinesische Seite); die Hinrichtung war bereits geplant. Niemand konnte genau sagen, warum man sie dann doch entlassen hatte. Aber die nordkoreanische Regierung war entschlossen, das nicht noch einmal geschehen zu lassen.

Nordkorea war so weit gegangen, jemanden nach China einzuschleusen, der den Kreis von Christen ausspionieren sollte, die Esther unterstützten. Er sollte ihre Kontakte ausfindig machen und anschließend alle Beteiligten töten, indem er mit einer Giftspritze zustach. Dieser Plan misslang allerdings, weil der Attentäter wegen anderer Vergehen in China verhaftet wurde. Man fand die Liste mit den Namen bei ihm. Er wurde gefoltert, bis er die gewünschten Informationen preisgab, und so fand die chinesische Regierung heraus, dass er den Auftrag gehabt hatte, Esther zu töten. Die chinesische Polizei war aufgebracht, denn es war der Beweis dafür, dass Esther bereits wieder aktiv flüchtende Nordkoreaner unterstützte – oder, in ihrem Jargon, dass sie Menschenhandel betrieb.

Als Esther das Telefongespräch mit dem Polizisten abbrach, wusste sie, dass sie und ihre Familie sich in großer Gefahr befanden. Sie war gerade erst aus dem Gefängnis entlassen worden. Wenn man sie jetzt wieder verhaftete, würde man sie sicher zum Tode verurteilen – oder zu lebenslangem Straflager, was auf dasselbe hinauslief. Sie wusste, sie musste das Handy loswerden, andere Wege finden, um ihre Familie zu benachrichtigen, und fliehen.

Während sie im Taxi weiterfuhr, legte Esther alles in Gottes Hand. In China war sie nun eine gesuchte Kriminelle und für Nordkorea war sie das Ziel eines Anschlagsplans der Regierung.

Dass sie Jesus folgte, hatte sie ins Gefängnis gebracht – in beiden Ländern. Aber Jesus hatte sie auch wieder herausgeführt. Nur Jesus konnte ihr jetzt helfen.

1

Zwischen zwei Welten

Und nun spricht der Herr, der dich geschaffen hat, Jakob, und dich gemacht hat, Israel: Fürchte dich nicht, denn ich habe dich erlöst; ich habe dich bei deinem Namen gerufen; du bist mein!

Jesaja 43,1

Einem Besucher, der einen bestimmten Ort auf dem Land im chinesischen Grenzgebiet zu Nordkorea erreicht, würde sofort auffallen, wie anders es hier zugeht als irgendwo sonst in China. Die Bewohner sind vor allem Koreaner, die in China geboren wurden. Alle Schilder und Plakate sind zweisprachig – chinesisch und koreanisch. Die koreanische Kultur prägt das Dorfleben. Taxifahrer und Kellnerinnen sprechen nur Koreanisch – sehr zum Missfallen chinesischer Besucher. In dieser Region kann man tatsächlich leben, ohne sich je mit der chinesischen Sprache zu befassen.

Die koreanischen Chinesen hier sind alle chinesische Staatsbürger. Aber sie unterscheiden sich deutlich von der

Mehrheit der Han-Chinesen und sind eine von Chinas zahlreichen ethnischen Minderheiten. Speisen, Sprache, kulturelle Gebräuche und Feste sind in dieser Region eindeutig koreanisch. Aber gleichzeitig sehen sich diese koreanischstämmigen Chinesen als vollwertige Chinesen an. Am dramatischsten hat sich das daran gezeigt, dass viele dieser koreanischen Chinesen im Koreakrieg für China gekämpft und ihr Leben gelassen haben. Ihre Rolle in diesem Krieg hat ihnen großen Respekt der chinesischen wie auch der nordkoreanischen Regierung eingebracht.

In vieler Hinsicht leben die koreanischen Chinesen zwischen den Welten – sie sind weder ganz chinesisch noch ganz koreanisch. Sie bilden eine eigene Kultur, in der sich das chinesische und das koreanische Element verbinden.

Esther Chang

Im Jahr 1967 wird in diesem Dorf ein kleines Mädchen geboren, das Gott einmal in besonderer Weise für seine Sache einsetzen würde. Ihr Name war Esther. Wie wir noch sehen werden, spielt ihre Zugehörigkeit zu dieser eigenen Mischkultur heute eine entscheidende Rolle für die Evangelisierung in Nordkorea.

Wer in den 1960er-Jahren in China geboren wurde, hatte es nicht leicht. Die Kulturrevolution war gerade in vollem Gange. Unter Mao Zedong galt es als Hauptziel der Revolution, alles zu verhindern, was das Land möglicherweise wieder in den Kapitalismus zurücktreiben konnte. Große Propagandakampagnen indoktrinierten die chinesische Jugend, den „vier alten Zöpfen" den Krieg zu erklären: 1. der alten Kultur, 2. den alten Bräuchen, 3. den alten Gewohnheiten und 4. den alten Ideen.

Mao Zedong war überzeugt, dass die Revolution die Wirtschaft des Landes nicht in Mitleidenschaft ziehen würde, weil er seine Roten Garden anwies, die Arbeiterklasse und die dörfliche Landbevölkerung nicht anzutasten. Er irrte sich. Der enorme soziale Umbruch führte dazu, dass Millionen durch Hunger, Gewalt oder Verrat ums Leben kamen. Die Armut, die Mao selbst verschuldet hatte, plagte die ganze Nation.

Esther war das dritte von vier Kindern; sie hatte einen älteren Bruder und eine ältere Schwester und nach ihr kam noch ein Junge. Die Familie hatte schon seit Generationen christliche Wurzeln. Ihr Großvater war in der Sowjetunion aufgewachsen und kurz vor der chinesischen kommunistischen Revolution nach China eingewandert – gerade noch rechtzeitig, bevor in der UdSSR Koreaner wie er in Züge verfrachtet, quer durch Sibirien transportiert und zwangsweise in Kasachstan, Kirgisistan und Usbekistan angesiedelt wurden. Sein Medizinstudium in der Sowjetunion war im ländlichen China eigentlich hochwillkommen. Aber als Christ traf ihn und seine Familie immer wieder die Verfolgung. Sie bekamen auch den flammenden Hass jener Tage auf die gebildete Bevölkerungsschicht zu spüren.

Zudem machte es die Volkszugehörigkeit ihrem Großvater und seiner Familie nicht leicht. Chinesische Kinder waren nicht sehr freundlich zu koreanischen; sie wurden mit Schimpfworten bedacht und nicht selten mit Steinen beworfen. Esthers Vater erhielt wie die anderen koreanischen Kinder eine Schulausbildung – aber selbst er schaffte es nicht weiter als bis zum Ende der Grundschule. Dann ertrug er die andauernden grausamen Schikanen nicht mehr, der alle Koreaner in der Schule tagtäglich ausgesetzt waren. Die wertvollste Ausbildung, die er erhielt, bekam er nicht durch die Schule, sondern von seinem Vater: Er brachte ihm medizinische Grundkenntnisse bei.

Die Medizin wurde zum Broterwerb der Familie. Esthers Vater, inzwischen erwachsen und Vater von drei Kindern, war der einzige Arzt im Ort. Er hatte keine leichte Aufgabe. Er arbeitete fast für umsonst und hatte kaum irgendwelche Hilfsmittel zur Verfügung. Um seine Familie zu ernähren, musste er eine zweite Beschäftigung annehmen und arbeitete anstrengende Nachtschichten. Er hatte kein medizinisches Umfeld, auf das er zurückgreifen konnte – keine Hebammen, keine professionellen Krankenschwestern, denen er schwer kranke Patienten hätte anvertrauen können.

Die hygienischen Verhältnisse im örtlichen Krankenhaus waren erbärmlich. Es kam vor, dass Patienten gesund kamen und krank wieder gingen. Kleine Schnittwunden entwickelten sich zu ernsthaften Infektionen. Besucher, die Angehörige ins Krankenhaus begleiteten, steckten sich mit Keimen an. Es gab keine Möglichkeit, Räume, Untersuchungsliegen oder medizinische Geräte zu desinfizieren oder zu sterilisieren. Fließendes Wasser oder Elektrizität fehlten ebenfalls. Die Situation war gesundheitsgefährdend.

Aber es gab einfach keine Mittel, um die Lage zu verbessern. Es war verboten, Patienten an den Kosten zu beteiligen, um Medikamente oder Ausstattung zu beschaffen. Die Klinik war völlig abhängig von der Regierung und die stellte keine finanziellen Mittel zur Verfügung. Wenn Kinder starben, dann war die Ursache in diesen Jahren zu 90 Prozent eine Ansteckung mit einer einfachen Krankheit. 1967 lag die allgemeine Lebenserwartung in China bei 57 Jahren.

Durch ein Wunder geheilt

Als Esther drei Monate alt war, steckte sie sich mit Bakterien an, die ihr Vater aus dem Krankenhaus mit nach Hause brachte. Sie erkrankte lebensgefährlich. Ihrem Vater war rasch klar, wie ernst es um seine kleine Tochter stand und dass er sie rasch in ein besseres Krankenhaus bringen musste. Er hätte ein Auto oder einen Krankenwagen gebraucht, um sie in das etliche Kilometer entfernte nächste Krankenhaus zu fahren, aber niemand im Dorf besaß ein Auto oder wusste auch nur, was ein Krankenwagen war. Esthers Vater hatte nur sein Fahrrad. Und er wusste: Ohne entsprechende Behandlung würde sein Kind sterben. Also nahm er die kleine Esther fest in den Arm, schwang sich aufs Fahrrad und fuhr los.

Auf der staubigen Landstraße trat er so kräftig in die Pedale, wie er konnte. Jede Minute zählte, aber mit jedem Kilometer schien er langsamer zu werden. Er war erschöpft, strampelte aber weiter, angetrieben von der Liebe zu seiner Tochter. Er beugte sich fast bis auf den Lenker herunter, um kräftiger treten zu können. Die Zeit lief gegen ihn und er wusste es. Immer, wenn er an Tempo verlor oder ans Aufgeben dachte, pumpte ein Blick auf den Zustand des Kindes ihm neues Adrenalin in die erschöpften Glieder.

Nach Stunden erreichte er schließlich das Krankenhaus. Er ließ das Fahrrad fallen, drückte sein Kind an die Brust und stürmte durch die Tür.

„Meine Tochter! Sie braucht sofort Hilfe! Wo ist der Doktor?"

Die Mitarbeiter, die ihn schreien hörten, sahen sich irritiert an, aber sobald sie das Baby bemerkten, das wie leblos in seinen Armen lag, kamen sie ihm schnell zu Hilfe. Jemand rief nach dem Arzt, der eilig erschien, um zu sehen, was der Aufruhr zu bedeuten hatte.

Das Adrenalin belebte Esthers Vater, während er zusehen musste, wie das Leben langsam aus seiner Tochter wich. Rasch und präzise berichtete er dem Arzt über ihren Zustand. Der Arzt gab den Schwestern unverzüglich seine Anweisungen.

Verzweifelt bemühten sich alle, Esthers Vitalfunktionen zu stabilisieren. Infusionen wurden gelegt. Aber ihr Zustand verschlechterte sich immer mehr. Der Magen war aufgebläht und die Luft konnte nicht entweichen. Dann blieb der Atem stehen. Voller Entsetzen sah ihr Vater zu, wie der kleine, erst drei Monate alte Körper leblos wurde. Hilflos beobachtete er, wie das medizinische Personal alles tat, um das Leben seiner Tochter zu retten. Er wollte helfen, selbst mit anfassen, aber er wusste, dass sein Kind in professionellen Händen war. Er wusste auch, wie erschöpft er selbst war, kurz davor, vor Schwäche und Flüssigkeitsmangel zusammenzuklappen. Und dass er nichts für seine Tochter tun konnte, wenn er jetzt zusammenbrach.

Während er langsam wieder zu Atem kam, sah er sich

im Krankenhaus um. Es war kaum besser als sein kleines Dorfkrankenhaus. Ein Gebäude aus Zementblöcken. Die Beleuchtung zu schwach, die Luft so feucht, dass in den Ecken schwarzer Schimmel saß.

An jedem anderen Tag hätte er in diesem Krankenhaus ein wenig Enthusiasmus verspürt. Er hätte sich die Instrumente angesehen, sich nach den Heilverfahren erkundigt, die diese Mediziner mit einer besseren Ausbildung als seiner anwendeten. In jedem Raum hier gab es medizinische Geräte und Ausstattung, die er auch in seinem Dorfkrankenhaus gut hätte gebrauchen können.

Der leitende Arzt untersuchte Esther noch einmal, kam aber zu dem Schluss, dass man nichts mehr für die Kleine tun konnte. Er beobachtete sie intensiv, ob es irgendwelche Anzeichen einer Besserung gab. Schließlich nahm er ihre Hand und fühlte den Puls. Mit einem Kopfschütteln ließ er sie wieder sinken. Nach einem kurzen Moment des Nachdenkens rief er die Schwestern zu sich. Sie besprachen sich kurz, dann trat eine der Schwestern zu dem Kind und entfernte die Infusionsnadel. Eine andere begann, den Untersuchungstisch für den nächsten Patienten vorzubereiten. Esthers Zustand war hoffnungslos.

Ihr Vater, der in einer Ecke des Raums zusammengesunken war, stand plötzlich hoch aufgerichtet da. „Was soll das? Geben Sie auf? Sie wollen nicht versuchen, mein kleines Mädchen zu retten?"

„Sie ist tot. Wir können nichts mehr für sie tun", erwiderte die Schwester kühl.

„Gehen Sie mir aus dem Weg! Wenn Sie nicht um sie kämpfen wollen, dann tu ich's", sagte er bestimmt.

Auf einmal kamen ihm das große Krankenhaus und das

besser ausgebildete Personal gar nicht mehr so beeindruckend vor. Systematisch wandte er alle lebensrettenden Maßnahmen an, die er von seinem Vater gelernt hatte. Eins nach dem anderen schöpfte er bei jedem Schritt alle Möglichkeiten aus. Es war fast, als könnte er hören, wie sein Vater ihm Anweisungen gab. Jede Methode, die er kannte, wandte er an, um sein Kind ins Leben zurückzuholen. Das Krankenhauspersonal hatte noch nie erlebt, dass jemand zu ihnen kam und dann die Behandlung selbst in die Hand nahm. Sie schwankten zwischen Bewunderung und Ärger. Als sie näher traten, um Esther vom Untersuchungstisch zu nehmen, trat er ihnen mit ausgebreiteten Armen entgegen.

„Wenn Sie mir nicht helfen wollen, verlassen Sie den Raum", befahl er. Die Schwestern wichen zurück und sahen dann zu, wie der verzweifelte Vater versuchte, seine kleine Tochter zu retten. Eine Zeit lang schien sich nichts zu verändern. Aber dann … begann die Kleine wieder zu atmen. Zum übergroßen Erstaunen aller Anwesenden hatte das kleine Mädchen ins Leben zurückgefunden. Es war ein Wunder.

Und wirklich – Gott hatte mit diesem Kind noch viel vor. Dies war nur das erste von vielen weiteren Wundern, die Esthers Familie in den kommenden Jahren noch erleben würde.

2

Kindheit mit Großvater

Esthers Opa war der Patriarch der Familie. Er war ein lebendiger Christ, der das Evangelium in seinem Dorf weitergab. Seine Liebe zu Jesus sollte später großen Einfluss auf Esthers Leben haben. Ihr Großvater verkündete das Evangelium bei seinen ärztlichen Besuchen im Dorf. Zwar hatte man ihm seine Bibel weggenommen und vernichtet, aber das hielt ihn nicht davon ab, das Wort weiterzugeben, das ihm ins Herz geschrieben war. Aus der Erinnerung redete er, wo er ging und stand, von der Güte und Liebe Gottes in Jesus Christus.

Ihr Großvater hatte keinerlei persönlichen Besitz, als die Regierung ihn in ein Dorf im Nordosten Chinas entsandte, wo es weder Elektrizität, Schulen, Krankenhäuser noch Trinkwasser gab. Man sagte ihm, er solle sich um die medizinische Versorgung der Dorfbewohner kümmern. Aber er erhielt keinerlei Mittel oder Ausrüstung, um das zu tun. Es wäre so leicht gewesen, einfach die Achseln zu zucken und aufzugeben!

In jenen dunklen Jahren nahmen sich viele Chinesen

das Leben; langsam verglomm die Liebe zum Leben in einem ganzen Volk. Aber Esthers Großvater hatte eine größere Vision. Er lebte nicht so, als gäbe es nur dieses Leben. Er wusste, dass Gott ihn nicht vergessen hatte, dass es ein Leben nach dem Tod gab und dass er seinem himmlischen Vater vertrauen konnte, wenn er auch nicht verstand, was vor sich ging.

Die Liebe Gottes lebte in ihm und weckte in ihm den Wunsch, anderen zu helfen. Kaum angekommen, begann er, einen Brunnen zu graben, damit die Menschen frisches Wasser hatten – eine Grundvoraussetzung, um gesund zu sein. Wer heute dieses Dorf besucht, findet immer noch diesen Brunnen.

Esthers Großvater liebte nicht nur Menschen, sondern auch Pflanzen. Er hatte Freude daran, Saatgut in den Boden zu legen und zuzusehen, wie es aufging und wuchs. Pflanzen brauchen ebenso wie Menschen Aufmerksamkeit und Fürsorge, manchmal in besonderem Maß. Aber Esthers Opa wusste, dass die Pflanzen schließlich alle Mühe zurückzahlten – in Form von Nahrung, Schönheit und sauberer Luft. Im ganzen Dorf pflanzte ihr Großvater Obstbäume. Wenn jemand einen Baum oder eine Pflanze besaß, die dahinkümmerten, half er, bis die Pflanze wieder stark und gesund war.

Er war außerdem ein geschickter Handwerker und brachte alles wieder in Ordnung, was ihm die Dorfbewohner brachten. Im Dorf nannten ihn die Leute bei einem Spitznamen, der etwas Ähnliches bedeutet wie „Jesus Freak". Obwohl darin das Wort für „verrückt, irre" steckte, war das nicht abfällig gemeint. Für viele war es fast eine Art Ehrentitel. Esthers Großvater hatte viele Eigenschaften – Talent, Zähigkeit, Intelligenz, Demut –, die ihn wertvoller für das Überleben des Dorfes machten als irgendein kommunistischer Offizieller.

Esthers Großvater war verliebt in Jesus und er gab alles für ihn. Den Spitznamen „Jesus Freak" trug er wie einen Orden. Es war ihm egal, ob die Leute ihn für verrückt hielten, weil er Jesus folgte. Was ihm nicht egal war, war, ob seine Familie Jesus folgte oder nicht.

Der Großvater mochte den Spitznamen „Jesus Freak" ja lieben, aber seine Familie hasste ihn. Sie konnten tun, was sie wollten, sie wurden ihn nicht los. Sie waren unumgänglich schuldig in Kollektivhaftung. Auch wenn keiner seiner Angehörigen Christ war, nannte man auch sie die „Jesus Freaks". Der Großvater hatte sich diesen Titel erworben und die Dorfleute liebten ihn. Aber niemand sonst in der Familie wollte so genannt werden und niemand verdiente es. Die Familie sah keinerlei Ehre darin, als „Jesus Freak" bezeichnet zu werden; im Gegenteil: Es war für sie der verhasste Ausdruck von Erniedrigung und Scham. Es war eine Waffe, mit der die Menschen im Dorf Esthers Familie zwangen, sich anzupassen, und sie zugleich als „anders" charakterisierten. Wie eine Peitsche wurde dieser Ausdruck ausgespuckt, wenn es nötig war. „Jesus Freak" hielt sie alle unter der Knute.

Esther hasste den Ausdruck mehr als die übrige Familie. Wenn jemand ihr das nachrief, kochte sie vor Zorn. Es verwirrte sie, dass ihr Großvater einerseits wie ein König vom ganzen Dorf bewundert, andererseits aber oft wie ein Sklave behandelt wurde. Immer wieder war er Opfer gnadenloser Verfolgung, aber irgendwie behielt er immer den Kopf über Wasser.

Die, die ihm das Leben schwer machten, brauchten meistens irgendwann einmal seine Hilfe. Dann klopften sie bei ihm an, überzeugt, er werde es ihnen jetzt heimzahlen, wie sie ihn behandelt hatten – ihnen in der Krankheit seine Hilfe verweigern oder nicht ihr kaputtes Gerät reparieren oder keinen guten Rat geben, wenn ihre Pflanzen neue Lebensenergie brauchten. Aber das lag ihm völlig fern. Esthers Großvater war entschlossen, das, was er von Jesus Christus und seiner Güte wusste, mit anderen zu teilen. So häufte er oft glühende Kohlen auf das Haupt seiner Feinde, indem er ihnen half und ihnen freundlich begegnete, ohne auch nur ein Wort darüber zu verlieren, was sie ihm angetan hatten.

Auch seine Familie beobachtete dieses Verhalten mit Verwunderung. Wie konnte einer von ihnen sich so behandeln lassen? Wie konnte er zulassen, dass die Leute seine Frau und seine Kinder ausgrenzten, und ihnen im nächsten Moment seine Hilfe anbieten? Esther verstand ihren Großvater nicht und in ihr wuchs eine heftige Ablehnung gegen die Vorstellung, Jesus zu folgen. In ihren Augen war Jesus daran schuld, dass ihre Familie gedemütigt wurde. Und dann verlangte er von ihr, diesen Menschen, die sie beleidigten, lächelnd zu dienen? Das war hundertmal so erniedrigend wie die Ausgrenzung. Sie verstand diesen Jesus einfach nicht. Und die übrige Familie ebenso wenig.

Und so beschloss Esther bereits als Kind, dass sie nie im Leben Christin werden wollte. Sie weigerte sich, sich als Christin zu betrachten, und versuchte auch, vor sich selbst zu leugnen, dass ihre Familie etwas mit diesem Christus zu tun hatte. Sie wollte Gott vergessen und ebenso jeden Gedanken an ein Leben als Christin.

Aber ihr Großvater gab sie nicht auf. Bis zu seinem letzten Tag redete er mit ihr immer wieder über das Evangelium.

Wieder sehr krank

Als Esther elf Jahre alt war, bekam sie beim Spielen mit anderen Kindern plötzlich heftige Bauchschmerzen. Ihr Vater war zu diesem Zeitpunkt nicht zu Hause, sondern in einer abgelegenen Gegend unterwegs. Esther war stark, also versuchte sie, den Schmerz im unteren Bauch so lange zu ignorieren, wie sie konnte. Schließlich musste sie aber anerkennen, dass er nicht verschwand, und sie beschloss, nach Hause zu gehen und sich hinzulegen, bis der Schmerz nachließ.

Langsam und unter Schmerzen ging sie nach Hause und schlich zusammengekrümmt und wortlos zu ihrem Bett. Ihre Schwester stand daneben und sah überrascht zu, wie sie so merkwürdig gekrümmt durch den Raum wankte und ins Bett kroch. Esther sagte nichts von den starken Schmerzen. Wenn sie erst im Bett lag, dachte sie, würde alles in Ordnung sein.

Aber die Schmerzen wurden immer schlimmer. Sie griff nach den Decken auf der Matte und wickelte ihren Kopf darin ein. Die Schmerzen wurden noch stärker und sie wimmerte jetzt. Sie steckte sich einen Zipfel der Bettdecke in den Mund und biss darauf, damit sie nicht vor Schmerz laut aufschrie. Sie verbiss sich so heftig in diese Decke, dass sie schließlich ohnmächtig wurde. Und da begriff ihre Schwester, dass etwas ganz und gar nicht in Ordnung war.

Ihr Vater war gerade nach Hause gekommen, als er aus dem Zimmer seiner Töchter einen Schrei hörte. Er stürmte hinein und fand Esther bewusstlos und zusammengekrümmt im Bett. Nach einer kurzen Weile kam sie wieder zu Bewusstsein. Ihr Vater beugte sich über sie und fragte, wo der Schmerz saß. Esther konnte nicht sprechen, zeigte aber auf ihren Unterbauch. Ihr Vater erkannte die Symptome und wusste, dass sie sofort medizinische Hilfe brauchte. Es war ein Blinddarmdurchbruch.

Im Dorfkrankenhaus konnte er wenig für sie tun. Er hatte keine Wahl: Er musste sie – wie damals als Baby – ins nächste größere Krankenhaus bringen. Aber als sie dort ankamen, fanden sie etwas vor, das wie eine Geisterstadt wirkte. Es war Wochenende und niemand schien da zu sein.

„Hallo?", rief ihr Vater. „Wir brauchen Hilfe! Ist denn hier niemand?"

Keine Antwort. Es gab nicht einmal jemanden am Empfang. Aus dem Augenwinkel sah er einen Wachmann auf sich zukommen. Er lief ihm entgegen und bedrängte ihn, er müsse sofort den Arzt und Krankenschwestern rufen und die müssten ins Krankenhaus kommen.

Wenige Minuten später traf der Bereitschaftsarzt mit einigen Schwestern ein. Esthers Vater lief ihnen entgegen und erklärte, was los war. Der Arzt wollte stehen bleiben und sich anhören, was Esthers Vater zu sagen hatte, aber als er nur kurz zögerte, griff dieser ihn am Arm und zog ihn regelrecht in den Raum, in dem Esther lag, während er seine Erklärung fortsetzte. Die Krankenschwestern folgten ihm auf den Fersen und lauschten auf jedes seiner Worte.

An Esthers Bett nahm der Arzt seine eigene Untersuchung vor. Man musste sofort operieren, entschied er. Die Operation dauerte mehrere Stunden und verlief nicht ohne Komplikationen. Esthers Vater stand vor dem OP, während seine Kollegen um Esthers Leben kämpften, und versuchte, vom Pflegepersonal jedes bisschen an Information zu bekommen, das er kriegen konnte.

Nach zehn Stunden auf dem OP-Tisch schien Esthers Zustand schlechter als zu Beginn der Operation. Der Arzt beugte sich über sie, erschöpft und völlig verausgabt. Die Operation war beendet, aber Esthers Vitalfunktionen wurden immer schwächer. Dann setzte der Atem aus. Der Arzt wollte schon gehen, zögerte dann aber und untersuchte sie noch einmal. Es gab keinen Puls. Er wechselte einen Blick mit der Schwester und bestätigte ihr kopfnickend, was sie beide wussten: Esther war tot.

Ein Blick zur Tür zeigte dem Arzt, dass Esthers Vater mit einem ohnmächtigen Gesichtsausdruck in den Raum spähte. Unruhig hin und her gehend, hatte er vor dem OP auf neue Informationen gewartet. Er wusste, wie es war, selbst am OP-Tisch zu stehen, statt draußen, wo man nichts tun konnte. Und die namenlose Furcht, die mit jeder Minute, die er warten musste, in ihm aufstieg, gefiel ihm ganz und gar nicht.

Das Wunder

Diesmal war Esthers Großvater ins Krankenhaus mitgekommen. Er sah die Angst im Gesicht seines Sohnes und das schmerzte ihn. Und was ihn außerdem schmerzte, war die Tatsache, dass er das Wichtigste in seinem Leben nicht an seine Kinder und seine Enkel hatte weitergeben können. Der Gott, dem er diente, regierte nicht im Herzen seines Sohnes und seiner Enkeltochter. Dieses Wissen vergrößerte seinen Schmerz, wie er dort im Flur des Krankenhauses stand und wartete.

Er sah seinen Sohn an und wünschte mit jeder Faser seines Herzens, dass sie nur einen kurzen Moment lang im Gebet verbunden sein könnten. Dass sie gemeinsam zu dem Gott rufen könnten, der das ganze Universum in Händen hält. Er wusste, dass seine Familie ihm grollte wegen alldem, was sie durchgemacht hatten. Aber er wusste auch: Wenn seine Familie nur erfahren würde, wie viel Gnade und Liebe von diesem Gott, dem Herrn des Universums, ausgeht, dann würden sie für immer inneren Frieden und Freude haben.

Esthers Vater war so konzentriert auf die schmale Gestalt auf dem OP-Tisch, dass er nicht bemerkte, wie der Großvater den Operationssaal betrat. Der Großvater begann zu beten – er wusste ja, dass niemand sonst es tun würde. Er betete und bestürmte Gott, Esthers Leben zu retten.

Der Arzt warf einen letzten Blick auf Esthers leblosen Körper und ihr Gesicht, das bereits totenblass wurde. Dann ging er zur Tür und erklärte ihrem Vater die Situation. Dessen Gesichtsausdruck wechselte sekundenschnell: aus großer Sorge wurde tiefster Kummer. Andere Verwandte, die ebenfalls gekommen waren, hörten die Nachricht und schluchzten auf. Manche zogen sich ein wenig zurück, um den engsten Angehörigen zu erlauben, Abschied zu nehmen.

Andere fuhren zurück ins Dorf und berichteten, dass Esther gestorben war.

Ihr Großvater betete weiter. Er glaubte aus tiefstem Herzen, dass Esther zu Größerem bestimmt war und dass ihr Leben nicht einfach so plötzlich enden konnte. Inbrünstig flehte er, dass sie wieder völlig gesund würde, auch wenn das in diesem Moment absolut irrwitzig klingen mochte. Er weigerte sich einfach, die Auskunft des Arztes ernst zu nehmen, denn er wusste: Ein Arzt konnte nur sehen, was vor Augen war. Im Glauben konnte der Großvater weiter sehen.

Während er betete, begann Esthers Hand zu zucken; dann flackerten ihre Augenlider ein wenig. Wenige Augenblicke, nachdem der Arzt sie für tot erklärt hatte, begann das Mädchen wieder zu atmen.

„Sie lebt!" Die Stimme der Krankenschwester klang schockiert.

Alle stürzten an Esthers Bett. Konnte das wahr sein? Konnte der Arzt sich getäuscht haben? Hatte das ganze Team nicht gerade dieses Mädchen, das nun tief und regelmäßig atmete, für tot erklärt?

Die Nachricht verbreitete sich im ganzen Krankenhaus. Esthers Dorf erreichte sie erst viel später am Tag. Die Nachricht von ihrem Tod löste nicht halb so viel Entsetzen aus wie die, dass sie wieder am Leben war. Das ganze Dorf kannte ihren Großvater und alle wussten, dass er an Jesus Christus glaubte. Rasch verbreitete sich die Kunde, dass der Großvater einem mächtigen Gott diente. Die meisten Dorfbewohner waren zwar nicht seiner Meinung, aber sie verspotteten ihn von da an nicht mehr.

Esthers Eltern wurden Zeugen der großen Macht Gottes, die Wunder wirken kann. Sie hatten ihre Tochter schon fast verloren und erlebten, dass Gott dem Tod seine Beute entriss. Nun waren sie überglücklich, dass Gott ihre Tochter geheilt und sie ins Leben zurückgeholt hatte.

Einen Moment lang verspürte Esthers Großvater die Hoffnung, dass seine Kinder und Enkel jetzt Jesus als Herrn und Retter annehmen würden. Er wünschte sich nichts sehnlicher. Er hätte sein eigenes Leben gegeben, nur um zu erleben, dass seine Kinder und Enkel seinen Glauben teilten. Der Gedanke, dass sie die Ewigkeit in der Hölle verbringen würden, war ihm unerträglich.

Aber dieser Moment der Hoffnung war kurz. Esthers Vater war dankbar für das Gebet des Großvaters und die Antwort, die Gott darauf gegeben hatte, aber er war nicht bereit zu glauben. Er weigerte sich nachdrücklich, den Namen Jesus Christus zu nennen. Aber so konnte er niemandem sagen, was wirklich geschehen war. Das ganze Dorf hatte von Esthers wunderbarer Heilung gehört. Aber wenn jemand ihren Vater ansprach und mehr wissen wollte, wechselte er sofort das Thema.

Sogar Esther wollte nicht anerkennen, dass Gott sie geheilt hatte. Sie fand, sie war zu jung, um zu verstehen, welches Wunder sich da ereignet hatte. Auch wenn es für ihren Großvater offensichtlich war, dass Gott sie nicht verlassen hatte – die übrige Familie fühlte sich von ihm im Stich gelassen und einer ungerechten Verfolgung ausgeliefert.

Das Vermächtnis eines Patriarchen

Esther verstand zwar nicht, warum ihr Großvater tat, was er tat, aber sie liebte ihn innig. In dieser Zeit wurde er älter und zunehmend schwächer und schließlich konnte er nicht mehr sprechen. Zuzusehen, wie jemand, den sie liebte, bewunderte und respektierte, immer älter und schwächer wurde, war für Esther sehr schwer. Sie hasste es mitanzusehen, wie er immer mehr verfiel. Sie war doch Großvaters kleines Mädchen und er hatte doch immer auf jede Frage eine Antwort und für jedes Problem eine Lösung gehabt. Und nun brauchte er für die kleinsten Kleinigkeiten die Hilfe anderer. Es brach ihr fast das Herz.

Während der letzten Monate seines Lebens konnte ihr Großvater nicht mehr sprechen. Er machte sich mit Blicken und mit Handzeichen verständlich. Auf diese Weise ließ sich allerdings schlecht Liebe und Emotion weitergeben. Aber irgendwie war die Sprache seiner Augen doch ausreichend. Sein Blick war fest und hatte eine solche Tiefe, dass er seine Gefühle hineinlegen konnte und keine Worte brauchte. In seinen Augen konnte man lesen: Er wusste, dass seine Zeit auf Erden zu Ende ging. Er war auf dem Weg, seinem Erlöser zu begegnen, und er wusste es. Immer wieder schlug er sich auf die Brust und wies dann zum Himmel. Stundenlang hielt er den Blick zur Decke gerichtet, nach oben, ins Jenseits, wohin er unterwegs war. Die leidvollen Tage seines Lebens in China gingen zu Ende. Er hatte „den Lauf vollendet und den guten Kampf gekämpft", wie Paulus einmal schrieb, und jetzt rief sein himmlischer Vater ihn zu sich nach Hause.

Einmal bekam er keine Luft. Wieder schlug er sich auf die Brust und wies zum Himmel. Alle sahen, dass es diesmal anders war als sonst. Esthers Mutter holte sofort ihren Mann und die Arzttasche.

Esther blieb bei ihrem Großvater. Sie hatte versprochen, bei ihm zu bleiben, bis ihr Vater kam, aber mit jedem Moment, den sie dort saß, stieg die Angst in ihr und die Augenblicke dehnten sich ins Unermessliche. Sie hatte vielleicht nur kurz an seinem Bett gesessen, aber es kam ihr vor wie Stunden. Ganz plötzlich fühlte sie sich unwohl. Ein scharfer Schmerz schoss ihr durch den Kopf und im selben Moment tat ihr Großvater seinen letzten Atemzug. Der Schmerz war augenblicklich verschwunden. Ihr Großvater war tot.

Esther saß bei ihm und beobachtete, wie die Farbe langsam aus seinem Gesicht wich. Die Hand, die sie gehalten hatte, wurde kalt und schlaff. Der Mann, zu dem sie ihr ganzes Leben lang aufgeschaut hatte, lag leblos da. Sein Körper war nur die Hülle des willensstarken Arztes, der einmal eine Antwort auf jede Frage gehabt hatte.

Ihr Großvater verließ diese Welt nicht, ohne Spuren zu hinterlassen. In seinem Leben hatte er vielen Menschen von Jesus erzählt. Auch seiner Familie. Und er hatte den Stempel „Jesus Freak" auch seiner Enkelin eingeprägt. Alle in der Familie trauerten sehr um ihn. Aber sie wussten auch, sie müssten weiter darunter leiden, dass er diesen Jesus so geliebt hatte. Der Einzige in der Familie, der wirklich an Jesus geglaubt hatte, war tot – aber sie würde man weiterhin als Christen ächten.

Das war das Einzige, was Esther an ihrem Großvater nie verstanden hatte. Wie konnte er seine Familie so sehr lieben und gleichzeitig zulassen, dass sie für den Namen Jesus so viel ertragen mussten? Hätte er nicht einfach öffentlich seinem Glauben abschwören können und ihn eben heimlich leben? Hätte er nicht im Interesse seiner Familie seinen Glauben geheim halten können? Sie konnte ihm nicht folgen. Er hatte doch gesehen, wie viel Kummer sein Glaube für seine Familie bedeutete. Aber immer, wenn man ihm die Gelegenheit gab, seinem Glauben an Jesus abzuschwören, hatte er sich geweigert. In Esthers Augen hatte ihr Großvater ein großartiges Leben gelebt und war ein nahezu fehlerloser Mensch gewesen. Sein einziger Fehler war sein störrischer Glaube an Jesus gewesen.

3

Schulalltag

Nachdem sie Esther mit elf Jahren beinahe verloren hatten, wurde ihren Eltern bewusst, was für eine Kostbarkeit dieses Kind war. Sie ermutigten sie auf jede denkbare Weise und sagten ihr immer wieder, dass sie etwas Besonderes war. Esther hatte eine besonders enge Beziehung zu ihren Eltern und wurde oft von den kleinen Haushaltspflichten verschont, die ihre Geschwister übernehmen mussten.

Außerdem war bereits früh deutlich, dass Esther sehr lernbegabt war. Sie galt in ihrer Klasse als Mathe-Genie und war bekannt für ihre zähe Entschlossenheit, alles, was sie sich vornahm, sehr gut zu bewältigen. Sie strengte sich auch an und arbeitete hart für gute Schulnoten, wie ihr Vater und Großvater es ihr beigebracht hatten. Anders als in Industriestaaten, wo die Schule für Kinder oft eine Last ist, war es im ländlichen China ein Privileg, zur Schule gehen zu dürfen. Nicht jedes Kind bekam die Chance, auch nur die Grundschule zu besuchen. Esther jedenfalls wusste das sehr zu schätzen.

Alle Kinder auf Esthers Schule waren Koreaner; für die

Han-Chinesen gab es eine eigene Schule. Koreaner und Han trennte vor allem die Geografie. Aber auch wenn es keine Han-Kinder an der Schule gab, so war die Unterrichtssprache doch das Mandarin, die Sprache der Han-Chinesen. Diese hatte Mao Zedong zur Landessprache in ganz China erklärt, als er 1949 an die Macht gekommen war.

Die chinesische Gesellschaft, in der Esther aufwuchs, mochte von der Minderwertigkeit der Koreaner überzeugt sein. Esther war es nicht. Sie war ehrgeizig und erfolgshungrig und nahm jeden neuen Tag in Angriff, als stünde sie in einem Wettkampf und liefe ein Rennen gegen den Rest der Welt.

Zu Hause und in der Schule war Esther für ihre Willensstärke bekannt. Aber auch für ihre Großzügigkeit. Ihre Eltern waren zwar selbst arm, aber sie brachten ihr gute Manieren bei und lehrten sie, einen Blick auch für die Menschen zu haben, die noch schlechter dran waren als sie. Im kommunistischen China war das nicht gerade eine verbreitete Einstellung. Die Kommunisten hatten es zwar geschafft, die Familie gegen Esthers Großvater aufzubringen, aber sie konnten nicht verhindern, dass etliche seiner Lehren und Lebenseinstellungen in die verschiedensten Lebensbereiche seiner Familie überschwappten. Liebe und Mitgefühl sind meist ansteckend und das gilt auch in gottlosen Staaten. So wirkten die Haltung ihres Großvaters und sein Glaube an Jesus Christus in die nächsten Generationen weiter.

Alle Kinder in der Schule kannten Esthers Vater, denn er war der einzige Arzt im Ort. Seine Arbeit hatte ihm das Wohlwollen vieler Dorfbewohner eingebracht und die Kinder gaben dieses Wohlwollen manchmal an Esther weiter. Esther selbst brachte oft eine Extraportion Reis mit in die Schule und teilte sie mit denen, die kein Essen mitbringen konnten. Esthers Familie besaß nicht viel, aber das, was sie hatten, teilten sie mit anderen.

Ein wildes, temperamentvolles Mädchen

Neue Kleider kannte Esther nicht, und anders als viele andere Kinder hatte sie auch keine Schuluniform. Meist trug sie die abgelegten Sachen ihres älteren Bruders, aber das war in Ordnung. Sie mochte die grobe, einfache Kleidung. Und dass es Jungensachen waren, störte sie gar nicht, im Gegenteil, es half ihr dazuzugehören. Ihre Klasse in der kleinen Dorfschule bestand aus rund zwanzig Schülern und neunzehn davon waren Jungen. Manche Lehrer behandelten Esther anders als die Jungen, aber die Jungen taten das nie. Sie war eine von ihnen.

Esthers Bruder war drei Jahre älter und ging auf dieselbe Schule. Er sorgte dafür, dass niemand seiner kleinen Schwester zu nahe trat. Alle Jungen auf der Schule wussten: Wer sich mit Esther anlegte, bekam es mit ihrem Bruder zu tun.

Das bedeutete allerdings, dass Esther sich in den Pausen mit den Jungen messen musste. Wenn sie nicht mit den Jungen spielen wollte, musste sie sich allein die Zeit vertreiben. Aber das machte Esther nichts aus. Sie war sowieso nicht an den Sachen interessiert, die Mädchen sonst taten. Kochen, Putzen, Nähen und gutes Benehmen – all das konnte ihr gestohlen bleiben! Früher hatte Esther sich bemüht, sich anzupassen, wenn sie mit anderen Mädchen oder weiblichen Verwandten zusammen war. Aber mit der Zeit hatte sie diese Versuche aufgegeben und war stattdessen mit den Jungen unterwegs.

Nach der Schule spielten sie Fußball. Sie rannte mit ihren Freunden um die Wette, kletterte auf Bäume, spielte Fangen. Wenn sie mal ein bisschen Geld hatte, zog sie mit einer Handvoll Jungen los und kaufte an einem der kleinen Straßenstände gebratenen Fisch. Am liebsten teilte sie sich mit ihren Freunden Kebab. Dass Esther das einzige Mädchen in einer Clique von Jungen war, fiel kaum auf. Sie konnte so schnell rennen und so gut auf Bäume klettern wie jeder Junge.

Diese Umstände bereiteten sie auch auf ihre künftige Aufgabe in Nordkorea vor. Nordkoreaner gelten als rauer und weniger zartfühlend als ihre Landsleute im Süden. Das ist sicher nichts Angeborenes, sondern die Folge der harten Lebensbedingungen unter dem kommunistischen System. Der Kommunismus kann unbarmherzig und herzlos sein. Ein Menschenleben gilt ihm nicht viel und wird rasch weggeworfen wie ein alter Lumpen. Wenn man überleben will, muss man stark sein, zäh und widerstandsfähig.

In seiner Größe und Souveränität gebrauchte Gott sogar die rauen Erfahrungen in Esthers Kindheit und Jugend, um sie darauf vorzubereiten, den herben Nordkoreanern das Evangelium zu bringen. Nordkorea ist ein Agrarland; die Menschen sind es gewohnt, mit den Händen zu arbeiten und sich sehr direkt auch körperlich auszudrücken. Über die lange Zeit der Trennung von Nord- und Südkorea hat der Süden eine andere Entwicklung genommen.

In Südkorea gibt es viel weniger Menschen, die von körperlicher Arbeit leben, als im Norden. Die rauen Sitten ihrer Kinderjahre haben Esther in einmaliger Weise darauf vorbereitet, später einmal die Menschen in Nordkorea zu verstehen und zu gewinnen.

Wieder einmal übergangen

Das alles bedeutete nicht, dass Esther nur ein etwas wildes Mädchen vom Lande war. Sie hatte eine natürliche Begabung, komplexe Zusammenhänge rasch zu erfassen. Wie ihr Vater und Großvater war sie ein geistig aufgewecktes Kind und glänzte in allen Schulfächern. Besonders lag ihr allerdings die Mathematik. Sie war fasziniert davon, dass jedes mathematische Problem eine ganz bestimmte, unwiderlegbare Lösung hatte, die absolut und vollkommen logisch war. Eine Mathematikaufgabe begann als kleines Abenteuer, von dem Esther wusste, dass sie sich darauf einlassen konnte und schließlich an einem Ziel ankommen würde, das als absolut richtig zu beweisen war, wenn sie sich an die Regeln hielt.

Esthers Auffassungsgabe war zwar rascher als die ihrer Mitschüler, aber sie sollte bald lernen, dass es auch für das, was sie erreichen konnte, Grenzen gab. Bald legte man ihr Hindernisse in den Weg, die sie in ihren schulischen Erfolgen bremsten – und zwar nicht, weil sie ein Mädchen war. Der Grund war vielmehr der, dass sie aus einer christlichen Familie kam. Sie konnte sich noch so sehr anstrengen, ihre Leistungen wurden kaum je anerkannt.

Esther arbeitete hart, um sich die Achtung ihrer Lehrer zu erwerben. Aber weil ihr Großvater Christ gewesen war, galt auch sie in den Augen ihrer Lehrer und Mitschüler als Christin und damit war sie automatisch benachteiligt. Dieses Etikett verhinderte, dass sie je ein Lob oder eine Auszeichnung für ihre Leistungen oder ihren Arbeitseinsatz erhielt, wie es für andere Schüler üblich war. Was ihre Lehrer anbetraf, hätte Esther ebenso gut ein Schild mit der Aufschrift „Idiotin" auf der Stirn tragen können. Offiziell war und blieb sie eine Außenseiterin.

Die besten Schüler jedes Jahrgangs durften in die Hauptstadt zu einem Schülerwettbewerb reisen. Obwohl Esther die Klassenbeste war – sie war nie dabei. Jedes Jahr sehnte sie sich danach, mitfahren zu dürfen. Aber sie musste immer zusehen, wie die anderen die Reise antraten. Sie träumte davon, welche Ehre es bedeuten würde, wenn sie ihre kleine Dorfschule in der großen Stadt vertreten dürfte. Es wäre fast so etwas wie ein Ritterschlag und könnte vielleicht sogar, so hoffte sie, dazu beitragen, dass die Leute die „schändliche" Vergangenheit ihrer Familie vergaßen.

Nachdem sie wieder und wieder übergangen worden war, fand sie es immer schwieriger, sich weiter zu bemühen. Es erschien ihr völlig wertlos, eine gute Schülerin zu sein – nichts, was sie tat, konnte ihre Lehrer zufriedenstellen. Egal, wie sehr sie sich anstrengte: Für ihre Lehrer trug sie das schwarze Zeichen des Christentums. Und so strengte sie sich schließlich auch nicht mehr an.

4

Eine Chance zum Neuanfang

Eines Tages kam Esther aus der Schule nach Hause und war in Gedanken damit beschäftigt, was sie mit ihrem Leben anfangen sollte. Sie war dankbar, dass sie zur Schule gehen konnte, aber das allein reichte ihr nicht; sie wollte im Leben mehr erreichen. Sie wollte nicht einfach nur überleben, sie wollte eine Chance ergreifen, um sich auszuzeichnen. Und das würde ganz sicher in ihrer Schule nicht passieren, auch nicht in ihrem Dorf. Also beschloss sie, alles hinter sich zu lassen und sich in der nächsten größeren Stadt eine Arbeit zu suchen.

1986 war Esther neunzehn geworden. In diesem Jahr gab es einen landesweiten Test, mit dem die größten akademischen Talente in China ermittelt werden sollten. Esthers Bruder hatte bereits die Highschool abgeschlossen, aber er machte ebenfalls bei diesem Test mit. Beide erzielten die höchsten Punktzahlen für ihre Region und dieses Ergebnis verschaffte Esther ein Ticket, mit dem sie das Dorf verlassen konnte. Sehr bald fand sie eine Arbeit in einem medizinischen Testlabor in Shenyang.

Der neue Staatsführer in China war Deng Xiaoping und er schien das Land in eine andere Richtung führen zu wollen als Mao Zedong. Nachdem er 1980 an die Macht gekommen war, begann Deng Xiaoping, nach den ökonomischen Katastrophen unter dem Vorsitzenden Mao die Wirtschaft wiederaufzubauen, indem er Kontakte zur internationalen Gemeinschaft aufnahm und Beziehungen zu anderen Staaten knüpfte. In der Provinz im Nordosten Chinas, in der Esther nun lebte, verbreitete sich die Hoffnung, dass die Zukunft heller aussehen könnte als die vergangenen dreißig Jahre, und bald sah man in Shenyang die ersten Anzeichen für diese Entwicklung.

Nach ihrem Umzug nach Shenyang gefiel Esther das Gefühl der Anonymität dort. Shenyang war eine künftige Industrie- und Wirtschaftsmetropole; hier lebten Menschen aus der gesamten Provinz Liaoning. Das bot Esther die Chance, eine neue Identität zu finden. Niemand hier wusste etwas über sie oder ihre Geschichte. Es war die Chance für einen Neuanfang. Sie würde sich durch eigene Arbeit und Anstrengung ihre Zukunft aufbauen, frei von der Last ihrer Familiengeschichte.

Das Leben in der fremden Stadt hatte seine eigenen Herausforderungen. Das Leben war teurer und man konnte niemandem trauen, den man kennenlernte. Jeder war ein potenzieller Dieb. Shenyang war damals ein raues Pflaster. Beinahe jeden Abend konnte Esther beobachten, wie Frauen auf der Straße von Männern belästigt wurden. Diese Erfahrung wollte sie sich ersparen. Sie begriff rasch, dass es am sichersten wäre, wenn sie sich wie ein Mann kleidete. Irgendwo trieb sie ein paar Kleidungsstücke auf, in denen sie aussah wie einer der örtlichen Gangsterbosse.

Tagsüber war klar, dass sie eine Frau war, aber sobald es dunkel wurde, tauchte sie im Heer der Männer unter.

Einmal fuhr sie abends mit dem Rad von der Arbeit nach Hause, als eine Gruppe Männer ihr den Weg verstellte. Es war klar, dass sie keine freundlichen Absichten hatten. Esther warf einen Blick auf die Gruppe, pickte sich rasch den heraus, den sie für ihren Wortführer hielt, und schrie ihn an. Die anderen, alles junge Kerle, wichen erschrocken und verblüfft zurück. Esther nahm das Fahrrad und setzte ihren Weg fort. Sobald sie außer Hörweite war, bekam sie einen Lachanfall.

Eine beharrliche neue Großmutter

Esther blickte jetzt zuversichtlich in die Zukunft. Aber es gab ein großes Problem mit ihrem neuen Leben: ihre Großmutter. Als Esther nach Shenyang gezogen war, war sie bei ihrer Großmutter eingezogen. Und die war eine gläubige Christin. Die Frau war nicht ihre wirkliche Großmutter, sondern eine entfernte Verwandte, die ihr ein Zimmer angeboten hatte. Aber weil sie ebenso alt war wie ihre richtigen Großeltern, nannte Esther sie Großmutter.

Die Einarbeitung in ihren Beruf und das Leben in einer fremden Stadt setzten Esther sehr unter Druck. Sie arbeitete lange Stunden sehr intensiv. Wenn sie von der Arbeit kam, wollte sie meistens nur noch schlafen. Ihre Großmutter lud sie immer wieder ein, in den Gottesdienst mitzukommen, aber Esther lehnte jedes Mal ab. „Esther, möchtest du mitkommen zum Gottesdienst?", fragte sie.

„Nur einmal. Ich glaube, es wird dir gefallen." Mit jeder neuen Einladung ihrer Großmutter stieg in Esther der Unmut und nach ein paar Monaten reagierte sie fast hysterisch und aggressiv, wenn das Thema Gottesdienst zur Sprache kam. Schließlich brach ihre Großmutter bei einer solchen Gelegenheit in Tränen aus.

Esther hatte nicht so barsch und schroff zu dieser freundlichen alten Lady sein wollen. Sie entschuldigte sich vor sich selbst damit, dass alles, was mit dem Christentum zu tun hatte, die schlimmsten Erinnerungen in ihr wachrief. Allerdings fühlte sie sich miserabel, dass sie ihre Stimmung an ihrer Großmutter ausgelassen hatte. Als Wiedergutmachungsangebot willigte sie also beim nächsten Mal ein: Sie würde zum Gottesdienst mitgehen.

Seit 1980 gab es wieder eine offizielle christliche Kirche in Shenyang, die Patriotische Drei-Selbst-Kirche. Die Restriktionen von kirchlichen Aktivitäten unter den ansässigen Koreanern aus der Zeit der Kulturrevolution wurden allmählich abgebaut. Ihre Großmutter hatte diese Gemeinde vom ersten Tag an besucht, als sie wieder zugelassen worden war.

Esther war noch nie in einer Kirche gewesen. Die Kirchen waren entweder zerstört oder geschlossen worden, bevor sie geboren wurde. Ihr einziger Berührungspunkt mit dem christlichen Glauben war ihr Großvater gewesen. Als sie sich nun zum ersten Mal einer Kirche näherte, fühlte sie sich ein wenig eingeschüchtert und wusste nicht recht, worauf sie sich einstellen sollte. Sie betrachtete das Kirchengebäude und ein seltsames Gefühl überkam sie. Der düstere Ziegelbau, der die Straße beherrschte, repräsentierte alles, was sie versucht hatte hinter sich zu lassen.

Die Kirche war vor langer Zeit gebaut worden und hatte erstaunlicherweise die Kulturrevolution unbeschadet überstanden. Es gab ein Kreuz an der Vorderfront des Gebäudes, das ein schräges Spitzdach hatte, kein Flachdach wie die traditionellen chinesischen Häuser.

In Esthers Vorstellung stand die Kirche für alles, was illegal, rebellisch und nonkonformistisch war. Sie war das Symbol konterrevolutionärer Lehren und Verhaltensweisen und rief in ihr nichts als Hass, Ablehnung und Schmerz wach. Alles, was sie aus ihrem Leben verbannen würde, wie sie sich selbst geschworen hatte, war in diesem Gebäude symbolisch zusammengefasst. Und doch würde sie es gleich betreten.

Sie ging auf die Eingangstür zu, atmete tief durch und trat ein. Drinnen sah sie nichts als freundliche Gesichter, deren Lächeln den Raum erwärmte. Sie begrüßten Esther, als würden sie sie schon lange kennen, und es war offensichtlich, dass all diese Leute Freunde ihrer neuen Großmutter waren und von ihr alles über Esther erfahren hatten.

Esther war überrascht, dass unter den Besuchern auch Ausländer waren. Unter dem Vorsitzenden Mao hatte China alle Ausländer ausgewiesen, aber an dem Tag, als Esther diese Kirche betrat, waren etwa zehn ausländische Besucher aus unterschiedlichen Ländern da. In jenen Tagen war es schon ungewöhnlich, überhaupt einen Fremden zu sehen, geschweige denn neben ihm zu sitzen und mit ihm zu reden.

In einem Moment schmolzen der ganze Schmerz und die Bitterkeit, die Esther jahrelang in sich aufgestaut hatte, dahin. Liebe und Frieden waren in diesem alten Ziegelbau wie mit Händen zu greifen und die Macht dieses Gefühls überwältigte sie. Der Schmerz aus Jahren der Angriffe und Benachteiligungen erschien ihr wie eine blasse Erinnerung verglichen mit der Liebe, die in dieser Kirche spürbar war. Diese Menschen, die sie in die Arme schlossen und so herzlich willkommen hießen, hatten alle ihre eigene Geschichte von Kummer und Verlust. Sie hatten dieselben Angriffe und Verfolgungen erlebt wie sie – meist noch schlimmere –, aber anscheinend trugen sie keine Narben aus den Wunden der Vergangenheit mit sich herum.

Der Kirchenraum war unmöbliert; es gab keine Bänke oder Stühle. Die Leute saßen einfach auf dem Boden und lauschten der Stimme des alten Pastors, der die Tage der Revolution überlebt hatte. Es gab zwar diese spürbare Liebe und Freude an der Gemeinschaft, aber kaum Unterweisung. Fast niemand hatte eine Bibel oder sonstiges Material; das war alles vernichtet worden. Und die meisten der Anwesenden waren zu arm, um sich eine Bibel zu kaufen, selbst wenn diese erhältlich gewesen wäre.

Esthers Großmutter schlug vor, sie solle zuerst einmal das Vaterunser auswendig lernen. Esther war plötzlich neugierig, mehr über den christlichen Glauben zu erfahren. Sie verschlang alles an christlicher Literatur, was ihr in die Finger kam. Ihre Großmutter wusste, dass Lesen für Esther fast wichtiger war als Essen, und nach langem Suchen trieb sie schließlich eine alte koreanische Bibel auf. Die Bibel war von oben nach unten gesetzt, wie das Koreanisch von früher.

Esther vertiefte sich in die Bibel, kaum dass sie sie bekommen hatte. Sie brannte darauf, mehr zu erfahren. Es kam nicht selten vor, dass sie über dem Bibellesen einschlief.

Untergrundkirche

Eines Nachts, nachdem sie wieder einmal über ihrer Bibel eingeschlafen war, hatte sie einen Traum, in dem Gott ihr sagte, sie solle eine andere Gemeinde besuchen. Esther wusste nicht, dass es in Shenyang noch eine Kirche gab. Sie dachte, es gäbe in der ganzen Stadt nur diese eine offiziell zugelassene Kirche. Aber ihr Traum geriet allmählich in Vergessenheit.

Eines Abends besuchte Esther ein Treffen, zu dem vor allem Studenten kamen. Sie trafen sich einmal in der Woche, um die Bibel zu lesen. Einem der Leiter waren Esther und ihre Hingabe an Gott aufgefallen, und er sprach sie an, sobald der Gottesdienst vorbei war.

Er zog sie verstohlen zur Seite und sprach im Flüsterton zu ihr. Dabei sah er sich immer wieder um, als wolle er sicher sein, dass niemand anders mithörte.

„Esther, weißt du, was sie hier in dieser Gemeinde lehren, ist nicht wirklich gut", sagte er flüsternd. Dann sah er sie erwartungsvoll an. Hatte sie verstanden?

Esther war etwas überrascht. Das war einer der Leiter der Bibelgruppe, wie konnte er seine eigene Gruppe kritisieren? Sie war verwirrt und fühlte sich unwohl.

„Esther, du investierst so viel in dieses Bibelstudium. Ich schätze das, weißt du", fuhr er fort. „Nächste Woche ist wieder ein Treffen, zu dem ich dich gern einladen würde, das heißt, wenn du gern kommen möchtest. Ich glaube, das würde dir wirklich etwas bringen. Das Treffen hier" – er unterbrach sich kurz und sah sich um –, „das, nun ja, wird von der Regierung überwacht."

Esther war irritiert. Waren nicht alle kirchlichen Veranstaltungen von der Regierung überwacht? Jede Versammlung, jedes Treffen in ganz China, egal, worum es ging, wurde von der Regierung überwacht. In China gibt es keine Versammlungsfreiheit.

Bis zu diesem Tag hatte Esther geglaubt, dass alle Christen gleich waren. In ihrer Vorstellung dachten sie alle dasselbe, glaubten dasselbe, hatten überall dieselben Gottesdienste und versammelten sich in der offiziell registrierten Gemeinde, die sie am besten erreichen konnten. Als Esther bewusst wurde, dass sie hier gerade über eine Untergrundgemeinde sprachen, erstarrte sie.

China hatte sich gerade erst so weit geöffnet, dass Christen sich wieder öffentlich treffen durften. Aber anstelle der Treffen in einer von der Regierung anerkannten Gemeinde ging es nun um eine verbotene Gruppierung, eine Hauskirche, eine illegale Versammlung. Wenn die Polizei das mitbekam, würde man sie verhaften, sie würde ihren Job verlieren und ihr Leben wäre ruiniert!

Das war nicht der Weg, sich einen ehrenhaften Ruf aufzubauen! Ihre ganze Kindheit hindurch hatte sie versucht, dem Schimpfwort „Jesus Freak" zu entkommen. Und das alles nur, weil ihr Großvater so halsstarrig gewesen war! Sie hatte sich nicht nur geweigert, in seine Fußstapfen zu treten, nein, sie hatte seinen ganzen Lebensstil bewusst abgelehnt. Jahrelang hatte man sie unterdrückt, verspottet und unfair behandelt, weil Nachbarn und Freunde meinten, es liege dieser Familie im Blut, Jesus zu folgen. Esther hatte es sich zur Lebensaufgabe gemacht zu beweisen, dass sie alle falschlagen.

Bis jetzt war doch alles so gut gelaufen! Sie hatte sich

bis vor Kurzem von allem Christlichen ferngehalten, weil es ihr in der Vergangenheit so viel Schmerz und Kummer bereitet hatte. War sie wirklich bereit, all das wieder auf sich zu nehmen – und diesmal bewusst?

In der folgenden Woche ging sie zum Treffen der Untergrundgemeinde. Bei diesem Treffen wurde ihr klar, dass sie jedem Menschen, der sie je verfolgt hatte, gerade recht gab. Sie lieferte soeben den Beweis dafür, dass sie denselben Weg einschlagen würde wie ihr Großvater – egal, wie sehr sie dagegen ankämpfte. Einerseits wollte sie sich umdrehen und weglaufen. Oder sollte sie die Gruppe sogar bei der Polizei anzeigen? Andererseits: Der stärkste Impuls in ihr wollte, dass sie blieb und Jesus nachfolgte. Und so blieb sie da.

Nach dieser ersten Begegnung mit der Hauskirche ging Esther nie mehr in eine registrierte Gemeinde. Bei dieser Begegnung erkannte sie, wie weise ihr Großvater und ihre neue Großmutter waren. Zum ersten Mal in ihrem Leben ließ Esther die Kontrolle über ihr Leben los und warf sich Gott in die Arme. Sie betete aus tiefstem Herzen. Es kam ihr fremd und vertraut zugleich vor. Gott handelte in Shenyang und Esther erlebte, wie sich das wunderbare Wirken des wahren und lebendigen Gottes in ihrem Leben entfaltete.

5

Esthers neues Leben

Der Begriff „Untergrund" kann unterschiedliche Bilder in uns wecken: Christen, die sich in unterirdischen Gängen wie den römischen Katakomben treffen oder Gottesdienste in abgelegenen Höhlen bei Fackelschein feiern … In China sind es illegale Untergrundgemeinden, die sich meist in kleinen Gruppen in Privathäusern treffen. (Heute können es aber auch mehrere Hundert oder sogar tausend Besucher sein, die sich etwa in Hinterhöfen oder auf verlassenen Grundstücken treffen; d. Übers.)

Esther wusste nicht, was sie erwartete, als sie die kleine Wohnung betrat, in der das verbotene Treffen stattfand. Sie war ängstlich und neugierig zugleich. Die Wohnung bestand aus nur einem Raum, in dem fünf weitere Christen sich eingefunden hatten. So wenige – kein Vergleich mit der offiziell registrierten Gemeinde. Aber sobald sie den Raum betrat, konnte Esther den Geist der Freiheit spüren, der hier herrschte, auch wenn dieses Treffen klar gegen das geltende Gesetz verstieß.

Die offizielle Kirche in China (die „Patriotische Drei-

Selbst-Kirche") wird von der Regierung überwacht, sie wurde eingehend beobachtet. Ständig lauerte man auf Aussagen, die der Politik des „China zuerst" widersprechen könnten. In vielen registrierten Gemeinden fand man an den Wänden große rote Spruchbänder mit der Aufschrift *Ai Guo* oder „Liebe dein Land", mehr als Gott.

Bei dem kleinen Treffen dieser Hausgemeinde fehlte die Atmosphäre der Überwachung völlig. Stattdessen war eine unglaubliche Freiheit spürbar, die sich in der Bibelarbeit und in der Liebe untereinander ausdrückte.

Freiheit

Der Leiter der Hausgemeinde war längst nicht so alt wie der Pastor der registrierten Gemeinde in Shenyang. Er war ein junger Mann und mit Leib und Seele bei der Sache. Seine Eltern waren beide während der Kulturrevolution ums Leben gekommen. Er begann mit seiner Bibelauslegung und Esther spürte, wie seine Worte sie berührten. Es war, als hörte sie ihrem Großvater zu. Aus dem Mund dieses Mannes, der hier das Wort Gottes auslegte, kamen ihr dieselben Überzeugungen und derselbe Geist entgegen. Er sprach fesselnd, leidenschaftlich und mit einer solchen Tiefe und Vollmacht, dass jedes Wort sie traf. Esther hing förmlich an seinen Lippen, so sehr, dass sie nicht wahrnahm, wie die Zeit verging. Sie hungerte danach, mehr zu hören. Dieser erste Besuch in der Hauskirche war wie ein geistliches Aufwachen und zeigte ihr zum ersten Mal, wie hungrig sie tatsächlich nach dem Wort Gottes war.

Die kleine Gruppe traf sich zweimal am Tag, am Vormittag und am Abend, aber Esther reichte das nicht. Sie konnte an kaum etwas anderes denken als daran, wie sehr sie sich danach sehnte, tiefer in das Wort Gottes einzutauchen.

Anfangs ging alles gut. Aber irgendwann kamen die Behörden der kleinen Hausgemeinde auf die Spur. Die Polizei erschien unangekündigt bei einem der Treffen. Der Leiter wurde verwarnt, es sei illegal, nicht genehmigte Treffen in seiner Wohnung abzuhalten. Alle sollten die offizielle Gemeinde in Shenyang besuchen. Jedes weitere Treffen hier sei gegen das Gesetz und würde juristisch verfolgt werden.

Dieser Vorfall führte dazu, dass die kleine Gruppe sich immer, wenn sie eine polizeiliche Kontrolle befürchten musste, statt in der Wohnung außerhalb der Stadt in den Bergen traf. Esther freute sich über diese Entwicklung. Sie war gern in der Natur und in den Bergen und liebte es, Gott dort zu loben. Wenn sie sich in den Wäldern trafen, gingen sie auf die Knie, priesen und lobten Gott und es war, als ob die Bäume in den Lobpreis einstimmten. Das Rauschen der Blätter war wie ein donnernder Applaus zum „Amen" der kleinen Gruppe.

Selbst regnerisches Wetter konnte ihre Freude nicht dämpfen. Wenn sie den Himmel bestürmten, er möge den Regen der Erweckung über das Land ausgießen, dann war der tatsächliche Regen, der sie durchnässte, wie ein Zeichen, dass ihr Gebet erhört war. Sie beteten, dass Gott ihre Sünden abwaschen möge, und der Regen strömte herab und wusch ihre Leiber. Auf ihre Weise schärfte die Natur ihre Sinne und unterstrich die Wahrheit dessen, was verkündigt wurde.

Einmal war die Gruppe wieder draußen in den Bergen und betete, als der Geist Gottes sie ergriff. Esther hatte alles um sich her vergessen und betete laut zu Gott, als sie seltsame Laute hörte, die von den anderen kamen. Etliche in der Gruppe beteten in einer unbekannten Sprache. Das war noch nie zuvor passiert und die meisten wussten nicht, was hier vorging und was sie davon halten sollten. Der Leiter unterbrach das Gebet und erklärte: „Das ist eine Gabe von Gott. Lasst es einfach zu. Versucht nicht, dieses Beten zu beenden, versucht nicht, es zu verstehen oder zu kontrollieren. Lasst einfach den Heiligen Geist durch euch hindurchströmen."

Esther unterbrach ihr Gebet und lauschte den anderen. Sie erinnerte sich daran, schon einmal etwas von Sprachengebet gehört zu haben. Aber erlebt hatte sie es noch nie. Schweigend lauschte sie, wie ihre Brüder und Schwestern in einer wohlklingenden Sprache beteten, die sie nicht verstand.

„Wenn du den Wunsch hast, ebenfalls in Zungen beten zu können, dann bitte den Heiligen Geist darum. Wir sollten alle den Wunsch haben, die Gaben des Geistes zu empfangen und zu nutzen."

„Gott, ich möchte dich auch auf diese Weise kennen", betete Esther. „Ich bitte dich: Gib mir die Gabe des Sprachengebets. Ich lese davon in deinem Wort und ich möchte dich auf diese tiefere Weise erfahren."

Sie wartete stumm. Nichts geschah. Sie schloss die Augen und wartete, dass Gott sprechen würde, aber nichts passierte. Esther betete weiter. Selbst einige von denen, die ganz neu in der Gruppe waren, beteten in einer unbekannten Sprache. Sie verstand das nicht. Wie konnte es sein, dass ganz neue Mitglieder so schnell diese besondere Gabe erhielten?

„Liebst du mich, Gott?", fragte Esther. „Warum dürfen andere dich so tief und innig erfahren und mich lässt du aus? Was habe ich getan, dass du mich abweist? Was habe ich getan, das dich veranlasst, mich auszuschließen? Was immer es ist, ich werde es ändern. Ich lege es ab. Ich sage mich völlig davon los, wenn ich dich nur tiefer erkennen darf."

Der Leiter sah, dass Esther kämpfte. „Esther, nimm dir das nicht so zu Herzen", sagte er. „Gott ist hier, mitten unter uns. Wir haben alle unterschiedliche Gaben. Bleib dabei, ihm zu dienen, und suche *ihn,* nicht seine Gaben. Der Heilige Geist tut sein Werk in dir. Lass dich jetzt nicht durch diese Erfahrung entmutigen. Er wirkt schon in deinem Leben."

Die tröstlich gemeinten Worte des Leiters genügten Esther nicht. Sie wünschte sich wirklich, die Gaben des Heiligen Geistes zu empfangen und auch das Sprachengebet beten zu können. Im Anschluss an dieses Treffen beschloss Esther, eine Woche lang zu beten und zu fasten und Gott zu bestürmen, auch ihr die Gabe des Sprachengebets zu schenken.

Ein Traum und eine Zurückweisung

Als sie am Abend nach Hause kam, begann sie mit dem Fasten. An einem ihrer Fastentage schlief sie über dem Gebet ein und begann zu träumen. In ihrem Traum wurde sie in die Wolken erhoben und kam mit ihnen in den Nordosten Chinas.

„Holt man mich aus Shenyang nach Hause?", fragte sie im Traum. „Wohin geht diese Reise?"

Die Reise im Traum ging weiter und endete schließlich in einer Gegend, die eindeutig im Nordosten Chinas lag. Die Wolkendecke öffnete sich und unter sich sah Esther eine Ansammlung von Menschen, die sie nicht kannte. In der Wolkenlücke stand ein hell erleuchtetes Kreuz und der Klang von Lobpreis und Gebet drang an ihr Ohr. Die Zeit stand still. Die Macht des Kreuzes überwältigte sie, so strahlend und schön war es. Je näher sie dem Boden kam, umso lauter hörte sie die Menschen in einem fremdartigen koreanischen Dialekt singen. Sie sangen „Amazing Grace". Nie zuvor hatte sie jemanden dieses Lied mit solcher Leidenschaft und Inbrunst singen hören.

Die Macht dieses Gesangs überwältigte sie. Esther spürte sie auf der Haut und im ganzen Körper. Die Stimmen jubelten, priesen die Kraft des Kreuzes und dankten ehrfurchtsvoll für das Opfer, das Christus durch sein Sterben gebracht hatte.

Es war ein Traum und zugleich so real wie das Leben. Esther wollte diesen Ort des Lobgesangs nicht verlassen, aber das hatte sie offensichtlich nicht zu entscheiden. Als sie am nächsten Tag aufwachte, war der Traum ihr so präsent, dass sie ihn nicht aus ihren Gedanken verbannen konnte. Sie ging zum Leiter ihrer Untergrundgemeinde und erzählte ihm, was sie geträumt hatte. „Gott hat dir ein Geschenk gemacht, Esther", sagte er. „Du hattest vielleicht den Eindruck, er weist dich ab, aber das hat er definitiv nicht getan. Dieser Traum ist eine Ermutigung: Suche weiter nach Gott. Richte deinen Blick ganz auf ihn und vergiss nie diese Vision, die er dir geschenkt hat." Ermutigt von diesen Worten kehrte Esther zu ihrer Großmutter zurück.

Bekehrung des Bruders

Ungefähr zur gleichen Zeit, in der Esther aus ihrem Heimatdorf nach Shenyang gekommen war, um dort Arbeit zu finden, hatte auch ihr Bruder das Elternhaus verlassen und war als Polizist nach Dandong gegangen, wo auch Esthers ältere Schwester inzwischen lebte. Dandong ist eine Stadt in der Provinz Liaoning, an der Grenze zu Nordkorea. Und während Esther ihren Traum träumte, litt ihr Bruder unter extrem starken Magenschmerzen.

Dandong war damals noch eine kleine, rückständige Stadt ohne angemessene medizinische Versorgung. Esthers Bruder ging es sehr schlecht und er hoffte, in Shenyang Hilfe zu bekommen. Seine ältere Schwester hatte alles Geld zusammengekratzt, das sie entbehren konnte, und es ihrem Bruder in die Hand gedrückt. „Geh nach Shenyang und lass dich behandeln. Es gibt dort gute Krankenhäuser. Du kannst bei Esther wohnen."

Er nahm das Geld und seine eigenen Ersparnisse dazu, verließ Dandong und fuhr für ein paar Tage zu Esther. Nach seiner Ankunft in Shenyang ließ er sich aber Zeit, eine Klinik aufzusuchen. Er war sich unsicher über den Ursprung der Schmerzen und fürchtete, sein Geld werde nicht für eine Behandlung reichen, wie immer die aussehen würde. Und selbst wenn doch – es war alles, was er und seine Schwester besaßen. Ein paar Tage lang unternahm er also nichts, blieb in Esthers Wohnung und quälte sich damit herum, was er tun sollte.

„Bruder", sagte Esther schließlich, „du musst dich jetzt wirklich behandeln lassen. So kann es nicht weitergehen. Du hast doch offensichtlich starke Schmerzen. Es könnte etwas Ernstes sein."

„Ich weiß", erwiderte er. „Ich hatte gehofft, dass es nicht nötig sein würde, ins Krankenhaus zu gehen. Dass die Schmerzen irgendwie verschwinden. Aber es wird immer schlimmer. Jetzt bleibt mir kaum noch eine andere Wahl. Ich weiß nur nicht, ob ich genug Geld habe, um die Behandlung zu bezahlen. Ich weiß nicht, was ich tun soll, Esther."

Esther dachte kurz nach. „Bevor du ins Krankenhaus gehst, komm mit mir zu einem christlichen Treffen."

„Ganz sicher nicht!", wehrte er ab. „Bist du verrückt? In eine christliche Versammlung bringst du mich im Leben nicht! Ich bin Polizist, Esther. Weißt du überhaupt, was du da verlangst? Ich kann da nicht hingehen – und du auch nicht! Hast du schon vergessen, was wir alle durchgemacht haben, nur weil Großvater Christ war? Hast du ein so kurzes Gedächtnis? Muss ich dich wirklich daran erinnern, wo du herkommst?"

Er hätte noch weitergeredet, wenn die Schmerzen ihm nicht den Mund verschlossen hätten.

„Ich weiß, Bruder. Ich kenne alle deine Argumente, nicht mitzukommen. Aber Jesus ist der einzige wahre Gott. Großvater hat uns immer erzählt, dass er dich und mich nicht ohne Grund geschaffen hat. Und das stimmt. Er ist der Schöpfer des Lebens und er kann dich heilen."

Sie unterbrach sich kurz und wiederholte dann: „Ich weiß nicht viel, Bruder, aber ich weiß, dass er dich heilen kann."

Sie betrachtete ihren Bruder. Die ständigen Schmerzen hatten ihn ausgelaugt. Er wusste, dass er nicht viel Geld hatte und dass Shenyang teurer war, als er gedacht hatte. Schließlich ließ er sich überzeugen, Esther zu einem Gebetstreffen zu begleiten. Jeder Einzelne aus der kleinen Gemeinde betete für ihn. Bald danach fühlte er sich besser.

Nach der ersten Begegnung war er sich nicht sicher: Ging es ihm wirklich besser oder spielte ihm seine Fantasie einen Streich? Am zweiten und dritten Tag waren die Schmerzen definitiv verschwunden. Esther beobachtete ihn genau. Ihr fiel auf, dass er kräftiger wirkte und dass sein Appetit zurückgekehrt war. Am fünften Tag war klar: Ein Besuch im Krankenhaus war nicht mehr nötig. Ihr Bruder hatte keine Probleme mehr mit dem Magen – Gott hatte ihn geheilt!

Er reiste zurück nach Dandong. Seine Schwester erwartete ihn schon und wollte wissen, was die Ärzte gesagt hatten und wie viel die Operation gekostet hatte. Als sie erfuhr, dass er gar nicht im Krankenhaus gewesen war, schrie sie ihn zornig an. Schließlich hatten alle zusammengelegt, damit er Urlaub nehmen und in Shenyang ins Krankenhaus gehen konnte. Aber als sie von der Heilung hörte, die sich ereignet hatte, öffnete sie ihr Herz für das Evangelium und nahm Jesus als ihren Erlöser an.

Es dauerte nicht lange, und das Haus von Esthers Schwester füllte sich mit weiteren Familien, die zum Glauben gefunden hatten. Anfangs zögerte sie und auch ihr Bruder, ob sie dieses Risiko eingehen sollten. Aber bald trafen sich mehr als zehn Familien regelmäßig zum Bibellesen und Beten. Esther schickte ihnen Bibeln, um sie zu unterstützen.

Die örtliche Polizei erfuhr von den Treffen und führte eine Razzia durch. Esthers Bruder verlor seine Arbeit als Polizist, ihre Schwester ihre Stelle als Lehrerin, weil sie einer illegalen christlichen Gemeinde angehörten. Die Familiengeschichte schien sich zu wiederholen.

Nachdem Esthers Geschwister infolge der Razzia entlassen worden waren, gingen sie eines Abends draußen spazieren und betrachteten den Mond. In der Dunkelheit sahen sie deutlich, wie sich ein rotes Kreuz vor den hellen Mond schob – ein klares Zeichen von Gott, dass sie die richtige Entscheidung getroffen hatten.

Richtig mochte ihre Entscheidung wohl gewesen sein, aber leicht war sie keinesfalls. Nun verdienten beide nichts mehr und konnten ihre Familien nicht mehr unterstützen. Esthers Vater gab Esther an allem die Schuld und wurde bitter und zornig.

Esthers Bruder versuchte alles, um zu ein wenig Geld zu kommen. So handelte er mit Ginseng, den er einkaufte, lagerte und zu einem höheren Preis verkaufte. Aber eines Tages ließ ihn ein Kunde auf der Rechnung für eine größere Bestellung sitzen. Daraufhin beschlagnahmte sein Lieferant alles, was er besaß, als Entschädigung für die noch nicht bezahlte Ware. Esthers Bruder verlor sein Haus und allen Besitz und musste schließlich mit seiner Familie in eine Lehmhütte ziehen. Die Situation wurde immer schlimmer – und die Schuld daran lastete auf Esthers Schultern.

Ihre Mutter hätte ihre ältesten Kinder und ihre Familien sicher mit Lebensmitteln versorgt, aber der Vater tat sich schwer damit, Hilfe anzubieten. Seiner Ansicht nach hatten beide ihre Stellen verloren, weil sie einfach dumm gewesen waren, und mussten nun eben die Konsequenzen tragen. Er erging sich oft in hasserfüllten Tiraden darüber, dass Esther den ganzen Kummer der Vergangenheit erneut über ihre Familie brachte. Schließlich reisten Esthers Bruder und ihre Schwester nach Shenyang und schütteten Esther ihr Herz aus.

„Warum ist uns das passiert? Wir wollten Gott folgen und er hat uns im Stich gelassen, als wir ihn am nötigsten brauchten. Sieh uns doch an. Vorher ging es uns doch gut und jetzt können wir nicht mal unsere Familien ernähren."

Esther fühlte sich am Boden zerstört.

6

Abstand finden

Nicht nur die Situation ihrer eigenen Familie stellte Esther vor Herausforderungen, auch die Christen in der Hauskirchengemeinde in Shenyang forderten viel von ihr. Je mehr Menschen sie zum Glauben an Jesus führte, umso mehr fühlte sie sich verantwortlich für ihr geistliches Wachstum. In der damaligen Zeit wurde von einem Menschen, der zum Glauben an Christus fand, eine große Opferbereitschaft verlangt. Zwar war es immer eine große Freude mitzuerleben, wie ein junger Christ zur Gemeinschaft mit seinem Erlöser fand. Aber danach war es für Esther oft fast unerträglich, wenn sie mitansehen musste, wie das ganze übrige Leben der neuen Gläubigen zerbrach und sie um des Glaubens willen jede Menge Nachteile in Kauf nehmen mussten. Sie fühlte sich persönlich verantwortlich für alles, was die Neubekehrten verloren.

Ja, Esther empfand bittere Scham, wenn sie mitansehen musste, wie die jungen Christen ihre Arbeit und ihre Häuser verloren, wie es auch bei ihrem Bruder und ihrer

Schwester der Fall gewesen war. Sie wusste ja selbst nur zu gut, wie es sich anfühlte, wenn man selbst Opfer dieser Benachteiligung und Verfolgung war, und welchen Zorn sie damals auf ihren Großvater empfunden hatte. Und so begann sie, für sich nach einem Ausweg zu suchen. Sie wollte alles hinter sich lassen, was in Shenyang geschah, denn sie konnte die Situation nicht mehr ertragen.

Auf die Insel Saipan

In dieser Aufbruchsstimmung schnappte sie immer wieder einmal Gerüchte darüber auf, dass viele Chinesen aus ihrer Gegend nach Saipan gingen, um dort Arbeit zu finden. Die kleine Insel Saipan war insofern etwas Besonderes, als sie zu den USA gehörte, dort aber nicht die amerikanischen Arbeitsschutzgesetze galten. Das gab amerikanischen Firmen die einmalige Gelegenheit, auf Saipan chinesische Arbeitskräfte anzustellen und zu Niedrigstlöhnen zu produzieren, wie sie in China gezahlt wurden, die Produkte aber trotzdem mit dem Label „Made in USA" zu verkaufen. Amerikanische Verbraucher glaubten, mit dem Kauf dieser Waren amerikanische Arbeitnehmer zu unterstützen, während in Wirklichkeit billige chinesische Arbeitskräfte ausgenutzt wurden, um maximale Profite zu erzielen.[1]

Allerdings mussten chinesische Arbeiter eine Prüfung ablegen, wenn sie auf Saipan arbeiten wollten. Diejenigen,

---

1   Die letzte dieser Kleidungsfabriken schloss im Jahr 2009.

die dabei überdurchschnittlich abschnitten, hatten möglicherweise eine Chance, auf die kleine Insel zu fahren und dort zu arbeiten. Esther machte den Test dreimal und fiel dreimal durch. Sie erfuhr niemals, warum sie dennoch die Möglichkeit erhielt, nach Saipan zu gehen. Von den zweihundert Bewerbern, die den Test mit ihr zusammen gemacht hatten, erhielten nur dreiundzwanzig eine Reiseerlaubnis. Und für diese Gruppe wurde nur ein einziges Flugticket zur Verfügung gestellt – und das erhielt Esther. Niemand sonst konnte mit dem Flugzeug an den neuen Arbeitsplatz reisen.

Für Esther war das eine klare Gebetserhörung. Sie hatte die Vorstellung, sie würde alle ihre Probleme hinter sich lassen können, wenn sie erst einmal auf Saipan angekommen war. Schon bald nach ihrem letzten Testversuch fand sie sich in einem Zug nach Schanghai wieder. Weder sie selbst noch irgendjemand sonst, den sie kannte, war je in Schanghai gewesen. Sie kam sich vor wie in einem Traum – als würde sie all ihrer weltlichen Sorgen entrückt und in eine andere Welt versetzt, in eine exotische Welt voller Abenteuer und neuer Chancen.

Sie würde für eine koreanische Firma arbeiten, die auf Saipan eine Kleiderfabrik betrieb. China war so arm, dass es ihr vorkam, als würde ein Traum wahr, wenn sie jetzt auf eine Insel ging, die zu Amerika gehörte. Sie wusste nicht, was sie mitnehmen und was zurücklassen sollte. Außerdem war es das erste Mal, dass sie in ein Flugzeug steigen würde, und sie war sehr aufgeregt.

Zu dieser Zeit brauchte man für jede Reise eine offizielle Erlaubnis. Esther besaß zwar ihr Ticket, hatte aber den nötigen Stempel darauf nicht. Je näher der Abreisetag kam, umso mehr freute sie sich auf die Reise, aber die notwendige Genehmigung hatte sie noch immer nicht. Dann kam der Morgen, an dem sie fliegen sollte – und immer noch kein offizieller Stempel auf ihrem Ticket. Sie würde nicht rechtzeitig am Zug sein und sie würde den Flug von Schanghai nach Saipan verpassen.

Verzweifelt brach sie in Tränen aus. Sie ging zum Leiter ihrer Hausgemeinde und schüttete ihr Herz aus. Dann lief sie hinaus in den Schnee und versuchte, sich darüber klar zu werden, was sie tun sollte. Es waren minus 30 Grad Celsius und ihre Tränen gefroren auf der Haut. Sie hatte das Gefühl, Hände und Füße würden ihr abfrieren. Bis zur Abfahrt ihres Zuges war es noch eine Stunde und immer noch wusste sie nicht, was sie tun sollte.

Dann traf sie eine junge Frau, die sie ins Regionalbüro der Bezirksregierung mitnahm – es musste eine göttliche Fügung sein. Der Beamte stempelte ihr Ticket und wie durch ein Wunder erreichte Esther wenige Minuten vor der Abfahrt noch ihren Zug – mit Fahrschein und Reiseerlaubnis.

Als Esther im Zug saß, fielen all ihre Sorgen und die Anspannung der letzten Tage von ihr ab. Auf der Fahrt von Shenyang nach Schanghai gab es viel zu sehen, aber sie war so erschöpft, dass sie kaum etwas von dem aufnahm, was am Fenster vorbeizog. Später kam es ihr so vor, als hätten die ganze Zugfahrt und der anschließende Flug nur wenige Minuten gedauert, da setzte ihr Flugzeug schon zum Landeanflug auf Saipan an.

Neuer Boden unter den Füßen

Saipan, die Insel, die Japan im Zweiten Weltkrieg an die Amerikaner verloren hatte, mit ihrem warmen Klima und exotischen Sandstränden, war mittlerweile zu einem Touristenziel geworden.

Esther stieg aus dem Flugzeug. Als sie auf der Rollbahn stand, wurde ihr plötzlich bewusst, wie anders es hier in Saipan war als in dem bitterkalten Winter, den sie in Shenyang hinter sich gelassen hatte. Der Asphalt strahlte die Hitze ab und ihr Gesicht glühte. Jetzt erst wurde ihr klar, wie weit sie wirklich von ihrem Zuhause in China entfernt war – und dass sie ihre Familie vermutlich jahrelang nicht sehen würde. Sie kannte keine Menschenseele auf dieser Insel und hatte keine Vorstellung davon, ob ihr Entschluss herzukommen sich bestätigen würde. Sie würde auf einer Insel leben und konnte nicht einmal schwimmen! Überwältigt und erschöpft kämpfte Esther mit den Tränen, bevor sie überhaupt den Flughafen verlassen hatte.

Das Arbeitspensum, das man Esther zuwies, war umfangreich: Sechs Tage in der Woche arbeitete sie von neun Uhr morgens bis sieben Uhr abends in der Fabrik. Sie erhielt eine Stempelkarte, die sie beim Kommen und Gehen abstempeln musste, und hatte auch die Möglichkeit, Überstunden anzusammeln, wenn sie wollte. Die Stunden dehnten sich und die Arbeit war ebenso anstrengend wie monoton.

Esthers Vorgesetzte erkannten rasch, dass sie nicht gerade für die Arbeit geschaffen war, die sie tun sollte. Sie hatte nie zuvor eine Nähmaschine bedient, und obwohl sie sich sehr bemühte, rasch zu lernen, wie man damit umgeht, war bereits nach drei Tagen klar, dass sie mehr Schaden anrichtete als Nutzen. Man versetzte sie an ein Fließband, an dem die fertige Kleidung zusammengelegt wurde, aber auch da stellte sie sich nicht sehr geschickt an. Der Vorarbeiter rief sie zu sich ins Büro.

„Wie kommen Sie hierher?", wollte er wissen. „Sie können nicht nähen, Sie können nicht einmal ordentlich Kleidung zusammenlegen und Sie haben noch nie am Band gearbeitet. Was soll ich mit Ihnen anfangen?"

Esther wusste nicht, was sie antworten sollte.

„Sprechen Sie Englisch?"

„Nein", sagte Esther vorsichtig und hoffte, der Mann würde nicht auf Englisch weiterreden, um sie zu testen.

„Nicht mal Englisch. Na großartig", sagte er sarkastisch. „Sie sind vollkommen nutzlos für mich."

Esther saß in sich zusammengesunken da.

„Hier, nehmen Sie das mit", sagte er und reichte ihr eine Karte. „Studieren Sie das – studieren, haben Sie verstanden? Morgen werden wir einen Test machen, ob Sie alle Informationen auf dieser Karte verstanden haben, und dann werden wir sehen, ob wir überhaupt irgendwo eine Verwendung für Sie haben."

Die Karte enthielt eine Reihe von Formen und Farben, die bestimmten Codes entsprachen. Am nächsten Tag wurde Esther getestet und konnte gute Ergebnisse liefern. Sie war tatsächlich begabt, die Informationen auf der Karte zu entschlüsseln. Sie musste nicht mehr ans Fließband zurückkehren. Stattdessen führte sie jetzt Listen über den Stand der Produktion.

Gemeinde auf der Insel

Nachdem sie sich in ihre neue Aufgabe eingearbeitet hatte, gab es auf der Insel wenig anderes für sie zu tun als arbeiten, beten und die Bibel zu lesen. Esther war dankbar, dass sie zum Beten Zeit hatte, und konnte es kaum erwarten, eine Gemeinde zu finden. Sie erkundigte sich bei ihren neuen Arbeitskollegen, wo es eine Kirche gab, und erfuhr, dass die auf der anderen Seite der Insel lag, dass man ihnen aber nicht erlaubte, den Gottesdienst zu besuchen, weil sich das nicht mit ihrer Arbeit vereinbaren ließe und der Vorarbeiter es nicht gern sah.

Esther war verwundert. War Amerika denn etwa kein freies Land? Warum sollten Amerikaner Christen daran hindern, den Gottesdienst zu besuchen? Wenn sie nicht in die Kirche gehen konnte, würde ihr Leben hier auf Saipan unerträglich werden!

Schließlich fand sie heraus, warum es verboten war, zur Kirche zu gehen: Der Besitzer der Fabrik war katholisch, aber der Hauptgeschäftsführer war Buddhist. Da der Besitzer selbst kaum je anwesend war, blieb es dem buddhistischen Geschäftsführer überlassen, seine eigenen Regeln zu etablieren und es den Arbeitern zu verbieten, die Kirche zu besuchen.

Esther fand heraus, dass die Kirche nur eine Stunde Busfahrt entfernt war. Sie träumte davon, diese Kirche auf der anderen Inselseite zu besuchen. Auf einmal erschien ihr diese andere Seite der Insel als so viel besser als der Ort, an dem sie sich befand. Esther wusste, dass sie gegen die Arbeitsvorschriften verstieß. Aber sie sagte sich, wenn sie in China bereit gewesen war, gegen die staatlichen Religionsgesetze zu verstoßen, dann sollte sie jetzt auch das Risiko in Kauf nehmen, gefeuert zu werden, weil sie gegen die Regeln verstieß, die in ihrem neuen Job galten.

Esther beobachtete ihre Umwelt und das Leben ihrer neuen Kollegen genau. Schnell stellte sie fest, dass es am Sonntag für sie im Wesentlichen zwei Möglichkeiten gab. Erstens: Sie konnte Überstunden machen. Auf dieser Insel lebten die Menschen aus einem einzigen Grund: um Geld zu verdienen. Je länger man arbeitete, umso mehr Geld konnte man verdienen. Der Sonntag bot die beste Gelegenheit für einen Extraverdienst, ohne dass man einen ohnehin zu langen Arbeitstag noch verlängern musste.

Der zweite Zeitvertreib am Sonntag waren Partys. Wer das wollte, besorgte sich Alkohol. Und viele betranken sich sonntags und waren den ganzen Tag über benebelt. Die Männer strichen um die Wohnblocks auf der Suche nach einem Mädchen und viele Mädchen ließen sich nur zu gern finden.

Das war ein Grund, warum Esther zu den anderen Frauen keinen guten Kontakt fand. Sie waren zwar alle Koreanerinnen oder koreanische Chinesinnen, sie sprachen dieselbe Sprache und hatten gemeinsame kulturelle Wurzeln, aber sie schien sonst nichts mit den anderen gemeinsam zu haben. Die meisten redeten über nichts anderes als neue Frisuren, Mode oder – vor allem – übers Heiraten und wünschten sich eine eigene Familie. Neben dem Geld, das sie ihren Familien nach Korea oder China schickten, wollten sie ihren Eltern auch einen möglichen Schwiegersohn mitbringen, wenn sie zurückgingen. Esther, die im Tiefsten noch immer das unangepasste

Mädchen ihrer Kindheit war, wusste: Sie könnte es nicht ertragen, ihre Sonntage damit zu verbringen, sich eine Geschichte nach der anderen über Frisuren oder mögliche männliche Bewerber anzuhören. Sie würde einen Weg finden, mit dem Bus zu dieser Kirche zu kommen, beschloss sie.

Am folgenden Sonntag ging sie zur Haltestelle und wartete auf den Bus in der Hoffnung, dass ihr Chef sie dort nicht sehen würde. Der Bus kam. Sie stieg rasch ein und spähte durchs Fenster, ob jemand sie gesehen haben könnte. Die Fahrt vermittelte Esther ein neues Gefühl für die Insel. Saipan war wirklich wunderschön, grün und fruchtbar vor der Kulisse von Bergen und Meer. Es gab leuchtend bunte Blumen, die sie noch nie zuvor gesehen hatte. Es war fast immer warm und die weiten tropischen Strände waren praktisch menschenleer. Der Unterschied zum Nordosten Chinas hätte nicht größer sein können.

Als sie die Kirche erreichte, empfand sie sofort, wie der Geist Gottes sie tröstlich willkommen hieß. Sie betrat das Gebäude möglichst unauffällig, setzte sich in eine der hinteren Reihen und sprach niemanden an. Sie nahm kaum Notiz von irgendjemandem im Raum und auch nicht von der Predigt. Hier, in der Gegenwart Gottes und in einer großen Gemeinschaft Gottesdienst zu feiern, war überwältigend genug und sie saß fast den ganzen Gottesdienst hindurch weinend auf ihrem Platz.

Der Gottesdienst endete und Esther war noch immer nicht in der Lage, ihre Fassung wiederzufinden, sie weinte leise vor sich hin. Saipan war so anders als jeder andere Ort, den sie kannte. Sie hatte keine Freunde hier. Sie war vorher noch nie von ihrer Familie getrennt gewesen. Das Essen hier, die Menschen, die Umgebung und alles andere waren so fremd und sie fühlte sich orientierungslos, allein und verlassen – aber die Gemeinschaft anderer Christen hier gab ihr das Mindestmaß an Stabilität zurück, das sie so dringend brauchte.

Trainingsjahre

Als sie am frühen Nachmittag in die Wohnquartiere bei der Fabrik zurückkam, hatte sich die Stimmung dort schon verdüstert. Die meisten Arbeiter, die keine Überstunden machten, waren betrunken. Leere Flaschen lagen überall herum. Alkoholgestank lag in der Luft und machte sie fast benommen. Esther brach es fast das Herz, wenn sie an ihre Kollegen dachte. Sie konnte doch sehen, wie viel Schmerz und Verletzungen hier mit dem Alkohol weggespült werden sollten.

Weil sie das wusste, versuchte sie, wenn sie von der Kirche zurückkam, mit den anderen darüber ins Gespräch zu kommen, was sie im Gottesdienst gehört hatte. Aber sie stieß auf wenig Interesse. Bei jeder Gelegenheit, die sich bot, sprach sie vom Evangelium, aber immer wieder wies man sie ab.

„Ich bin nicht hergekommen, um religiös zu werden", sagten die anderen. „Sondern um Geld zu verdienen." Darum drehte sich das Leben auf Saipan. In China gab es zwar gewisse wirtschaftliche Fortschritte, aber das Leben war noch immer schwierig, eigentlich für alle, aber besonders für unverheiratete Frauen. Das meiste, was diese Frauen hier auf Saipan verdienten, wanderte nach China, zu ihren Eltern, Großeltern oder den Familien von Geschwistern, die Kinder zu ernähren hatten. Saipan bot für sie eine Gelegenheit, richtig Geld zu verdienen, aber es bot keine Sicherheit auf Dauer.

Esther hörte nicht auf, immer wieder andere zum Gottesdienst einzuladen, obwohl sie regelmäßig auf Ablehnung stieß. Sie klammerte sich umso mehr an Christus und verbrachte viel Zeit im Gebet, oft mehrere Stunden am Tag. Sie betete für ihre Familie in China. Sie betete für ihren Chef und auch darum, dass Gott ihr einen Ehemann schenkte.

Einmal machte ihr jemand aus Südkorea einen Antrag, aber sie lehnte ab. „Ich werde nicht heiraten", verkündete sie ihrer Umwelt. „Ich werde mein Leben dafür einsetzen, Gott zu dienen. Ich bin mit Gott verheiratet."

Sie bemühte sich, überzeugend zu klingen, wenn sie das sagte, aber in ihrem eigenen Herzen kamen diese Worte nie recht an. Sie mochte sagen, was sie wollte – in ihrem tiefsten Herzen sehnte sie sich nach einem Menschen, mit dem sie ihr Leben teilen konnte. Sie hoffte, Gott würde einen solchen Menschen in ihr Leben bringen, und zwar auf eine Weise, die ihr das sofort deutlich machen würde. Esther wollte keine endlosen Dates und eine herkömmliche Werbung. In ihrer Kultur kannte man keine längeren Beziehungen vor der Heirat und sie selbst wünschte sich das auch nicht.

In der Gemeinde gab es etliche, die sie mit einem netten jungen Christen nach dem anderen bekannt machten, aber irgendwie schien der Richtige nie dabei zu sein. Esther richtete ihren Blick auf Christus, aber ihr Herz sehnte sich danach, dass Gott ihr einen Mann schenkte.

Esthers Gebete auf Saipan machten sie mutiger. Bald fand sie sich zunehmend in Situationen wieder, in denen sie ihren Kollegen vom Glauben erzählen konnte. Schließlich fasste sie den Entschluss: Wenn die anderen sie schon nicht in die Kirche begleiten wollten, dann würde sie die Kirche zu ihnen bringen. Nach dem Gottesdienst würde sie in die Quartiere gehen und einfach dort wiederholen, was der Pastor im Gottesdienst gepredigt hatte.

Anfangs war das ungewohnt, aber nach einiger Zeit hörte doch der eine oder andere ihren Worten zu. Und nicht nur das. Viele, die einmal zugehört hatten, freuten sich sonntags bereits auf Esthers Botschaft.

Schließlich gründete sie in der Fabrik eine kleine Gemeinde. Sie machte dabei wertvolle Erfahrungen, die einmal für ihren Dienst in Nordkorea wichtig werden würden: Sie lernte predigen und alles, was sie sagte und tat, aus dem Gebet zu tun.

Esther sprach offen über das Evangelium, aber sie tat es nur, wenn sie sicher war, dass der Geschäftsführer nicht in der Nähe war. Aber dann kam ein Sonntag, an dem der Busfahrer den Fehler machte, direkt vor der Fabrik zu halten. Normalerweise fuhr der Bus nie auf das Fabrikgelände, sondern hielt an der Straße. Und natürlich kam ihr Chef ausgerechnet in dem Augenblick aus dem Gebäude, als Esther einsteigen wollte. Rasch sprang sie in den Bus und duckte sich zu Boden.

Die anderen Passagiere sahen sie an, als wäre sie geistesgestört. Aber Esther wusste: Wenn ihr Chef sie sah, könnte sie das in große Schwierigkeiten bringen. Sie kroch auf einen Sitz, immer noch geduckt, und spähte über den unteren Fensterrand, um zu sehen, ob er sie bemerkt hatte. Zu ihrem Entsetzen stand er vor dem Bus und bedeutete dem Fahrer anzuhalten.

Esther zog rasch den Kopf ein und betete, dass er sie nicht entdecken würde. Er war drauf und dran, in den Bus einzusteigen. Eine der anderen Mitreisenden begriff rasch, was hier vorging, und stand auf, um die Aufmerksamkeit des Chefs auf sich zu lenken.

„Ist Esther Chang hier in diesem Bus?", wollte der Geschäftsführer wissen. „Ich verlange, dass sie auf der Stelle aussteigt."

„Niemand in diesem Bus hier weiß, wer Sie sind – außer ein alter Narr", schrie die Frau ihm förmlich ins Gesicht. Ihre Verwegenheit machte den Mann sprachlos, ihm fehlten tatsächlich die Worte.

„Also, worauf warten Sie? Fahren Sie", sagte die Frau zum Fahrer. „Wir wollen schließlich rechtzeitig im Gottesdienst sein." Ohne nachzudenken, tat der Fahrer, was sie verlangte, schloss Esthers Chef die Tür vor der Nase und fuhr los. Die Frau warf Esther einen Blick zu und lächelte, während sie sich wieder setzte.

Esther betete regelmäßig für ihren Chef. Er war ein ziemlich übler Mensch und wollte Esther spüren lassen, dass ihr Glaube ihr nicht gut bekommen würde. „Bitte, Jesus, segne ihn", betete sie. „Er kennt dich nicht. Mach ihn nicht für das verantwortlich, was er tut. Er weiß ja nicht einmal, wie übel das ist. Bitte, mach es möglich, Herr, dass ich ihm zeigen kann, wie unermesslich deine Liebe und deine Gnade sind. Bitte, lass mein Leben ein lebendiges Opfer für dich sein, um seinetwillen."

Eines Tages machte der Chef während der Arbeitszeit eine Ansage über Lautsprecher. Das war sehr ungewöhnlich, also ließen alle die Arbeit sinken, um zuzuhören.

„Esther. Esther Chang. Sofort in mein Büro."

Alle Köpfe flogen herum. Alle Augen starrten Esther an. Niemand wusste, was sie getan hatte, aber es konnte nichts Gutes sein. Es war nie gut, wenn ein Name über Lautsprecher ausgerufen wurde. Esther stand langsam auf und ging unter den abfälligen Blicken der anderen zum Büro des Geschäftsführers.

„Himmlischer Vater", betete sie. „Bitte, hilf mir, so zu reagieren, dass ich dir Ehre mache. Lass nicht zu, dass ich aus eigener Kraft handele."

Als sie gerade die Tür öffnete, erschien hinter ihr eine Gruppe von Männern. Es war eine Abordnung aus den USA, die die Fabrik inspizieren sollte. Ihr Chef warf Esther nur einen kurzen Blick zu, sah die Amerikaner hinter ihr und winkte ihr zu verschwinden. Sie wurde nie wieder zu ihm gerufen.

Bald nach der Inspektion ging der Geschäftsführer zurück nach Südkorea. Sein Abschied löste in Esther gemischte Gefühle aus. Sie hatte ihre Feinde immer aus tiefster Seele gehasst – bis sie Christin wurde und aus der Bibel erfuhr, dass Christen ihre Feinde lieben sollen. Und seither hatte sie keinen Menschen getroffen, den sie lieber verachtet hätte als ihren Chef. Aber ihre täglichen Gebete für ihn und die Situation hatten sie eine Menge über Liebe und über Vergebung gelehrt und die alte Bitterkeit allmählich überwunden. Jetzt war der Mann weg und sie war froh, dass er ihr keine Schwierigkeiten mehr machen würde. Aber zugleich war sie traurig, dass sie nun keinen

Feind mehr hatte, für den sie beten konnte. Er war ihr bisher schlimmster Widersacher gewesen.

Aber sie vergaß rasch, dass ihr hier eine Gelegenheit verloren gegangen war, als der neue Geschäftsführer ankündigte, sonntags einen kostenlosen Bus einzusetzen, der alle, die das wollten, zum Gottesdienst fahren würde. Seit die Fahrt umsonst war, begannen ungefähr vierzig Leute aus der Fabrik, den Gottesdienst zu besuchen. Esther fuhr mittlerweile außer sonntags auch zum Mittwochsgottesdienst, und als schließlich eine Fernstudienreihe angeboten wurde, ergriff sie die Gelegenheit und schrieb sich ein.

Sie schickte regelmäßig Geld an ihre frühere Gemeinde in China, damit dort Bibeln angeschafft werden konnten. Nach dem Grundkurs bot die amerikanische Ausbildungsstätte ihr an, die Bibelschule in den USA zu besuchen. Um ein Visum für die USA zu beantragen, würde sie nach China zurückkehren müssen. Sie lebte nun bereits drei Jahre auf Saipan. Sie wusste, es war Zeit, nach Hause zu fahren.

7

Zurück nach Hause

Bevor sie Saipan verließ, kaufte Esther alle christlichen Bücher und Materialien, die sie sich leisten konnte, denn der Großteil der Literatur und der Medien, die man auf Saipan legal erwerben konnte, war in China immer noch verboten. Predigtkassetten, Videobänder, der Jesusfilm, christliche Bücher und sonstiges Material wanderten in ihr Gepäck. Nach drei Jahren auf Saipan packte sie ihre Habseligkeiten zusammen und richtete sich darauf ein, das Flugzeug zu besteigen, das sie zurück nach China bringen sollte.

Als sie am Flughafen stand, an ihre Kollegen zurückdachte und einen letzten Blick auf die Insel warf, wurde ihr bewusst, dass die Zeit auf Saipan wie eine Art geistliches Trainingslager für sie gewesen war. Sie hatte ihre vertraute Umgebung und die Menschen, die sie kannte, zurückgelassen und war gezwungen gewesen, sich ganz auf Gott zu verlassen. Ihr Gebetsleben hatte sich auf eine Weise vertieft, wie sie es nie für möglich gehalten hätte. Und ihre regelmäßige Teilnahme am Gottesdienst hatte ihr die geistliche Nahrung gegeben, die sie brauchte, um ihr Wissen über Gott und ihr Verständnis seines Wortes zu vertiefen.

Aber schon auf dem Rückflug nach China ergriff sie eine unbestimmte Angst. Sie wusste, dass ihr Gepäck mehr illegales christliches Material enthielt als Kleidung oder sonstigen persönlichen Besitz. Und das musste sie irgendwie durch die Sicherheitskontrollen in China bringen.

Esther begann sich auszumalen, was man mit ihr anstellen würde, wenn entdeckt würde, wie viel christliches Material sie bei sich hatte. Ihr Magen verkrampfte sich. Wenn die Zollbeamten sie durchsuchten und nur eine Bibel oder ein paar andere Bücher für den persönlichen Gebrauch fanden, würden sie die Sachen vielleicht einfach konfiszieren und sie mit einer Verwarnung davonkommen lassen. Aber wenn sie die Stapel von verbotenen Schriften und Kassetten fanden, die sie nach China hineinschmuggelte, würde sie mit einer schweren Anklage rechnen müssen.

Die chinesische Justiz hegte keinerlei Sympathien für das Schmuggeln von christlichem Material. Es galt als konterrevolutionäre Propaganda des Westens. Während der 1960er-Jahre hatte man in China jedes christliche Buch, jede Bibel und alles sonstige Material, dessen man habhaft wurde, verbrannt. Damals hatten die örtlichen Behörden Protestdemonstrationen von Gewerkschaften und Studentenbewegungen organisiert. Christen wurden auf öffentlichen Plätzen mit einer Art Narrenkappe und antichristlichen Sprüchen um den Hals zur Schau gestellt, während ihr gesamter Besitz, nicht nur die christlichen Bücher, den Flammen zum Opfer fielen. Esther wusste genau, dass China dem christlichen Glauben noch immer nicht freundlich gegenüberstand. Und auch mit ihr würde man nicht zimperlich umgehen, wenn herauskam, was sie da ins Land schmuggelte.

Sie verließ das Flugzeug, kam durch den Einreisecheckpoint und sah, wie die Zollbeamten Gepäck überprüften, während sie an der Gepäckausgabe wartete. Nervös beobachtete sie, wie die Beamten einen Mann in der Schlange vor ihr herauswinkten, der mit ihr im Flugzeug von Saipan gewesen war. Die Zollbeamten wussten, dass mit diesem Flug zahlreiche Reisende aus Amerika ankommen würden, die jede Menge Geld und Gegenstände dabeihaben würden, die es in China nicht zu kaufen gab. Es war ihre Gelegenheit, nicht nur die Einfuhr illegaler Waren nach China zu verhindern, sondern auch selbst Profit aus der Situation zu schlagen und wertvolle Waren zu beschlagnahmen oder Bestechungsgelder zu fordern.

Bei ihrem Mitreisenden fand sich eine Audiokassette. Er wurde verwarnt und musste auf der Stelle eine Strafgebühr entrichten. Esthers Koffer rollten heran und sie sah, wie die Zollbeamten ihre Blicke darauf richteten. Esther wusste nicht, was sie tun sollte. Sie rief innerlich Gott um Hilfe an.

Auf einmal wurden ihr die Knie schwach und sie sank vor den Augen der Zollbeamten zu Boden. Die Beamten eilten alle rasch zu Hilfe.

„Ruhig, ruhig", sagte einer von ihnen und versuchte, sie aufzurichten. Es war ein Wachposten. „Alles wieder okay?"

„Ja", erwiderte Esther mit schwacher Stimme. Die Angst war immer noch übermächtig.

Der Wachposten legte sich Esthers Arm um die Schulter und half ihr aufzustehen. „Werden Sie abgeholt? Kommt jemand, der Ihnen bei Ihrem Gepäck helfen kann?"

„Ja", sagte sie und wies auf den Ausgang. „Mein Bruder kommt mich abholen."

Ihr Bruder stand direkt vor dem Ausgang und gab sich durch Winken zu erkennen. Der Wachposten winkte ihn heran, damit er Esther helfen konnte, und gemeinsam schleppten sie die Koffer mit dem illegalen Material unter den Augen der Beamten am Zoll vorbei, ohne dass noch jemand einen Blick darauf warf.

Beim nächsten Treffen der Hausgemeinde konnten die Anwesenden es gar nicht fassen, als Esther immer noch ein weiteres Buch oder weitere Kassetten aus ihren Taschen holte. Zu dieser Zeit hatte niemand in China Zugang zu solchen Dingen, sie waren also wirklich kostbar. Es war das erste Mal, dass diese Gemeinde solche Materialien erhielt. Sofort machten sie sich daran, Kopien zu erstellen, die sie an die Christen in der Umgebung verteilten.

Mehr als hundert Predigtkassetten hatte Esther in ihrem Gepäck gehabt. Besonders eine davon machte bald die Runde in den verschiedenen Gemeinden der Gegend. Es war die Predigt eines Mannes, der während der japanischen Besetzung Koreas viel durchgemacht hatte. Sein Zeugnis stieß bei den Christen im Nordosten Chinas, die ebenfalls unter den Japanern sehr gelitten hatten, auf offene Ohren.

„Bist du Christ?"

Esther war eine Ausnahmeerscheinung in ihrer Hauskirche. Sie war die Einzige, die je im Ausland gewesen war. Dies und ihr starker Glaube machten sie attraktiv für die Männer in der Gemeinde und bald nach ihrer Rückkehr standen die Bewerber Schlange, die um ihre Hand anhielten.

Ein junger Mann war sogar aus Südkorea nach China geflogen, nur um sie zu treffen – es war die Empfehlung einiger Freunde aus ihrer Gemeinde gewesen. Als er in China ankam, holten ihre Freunde sie ab, aber Esther wurde im Auto übel und sie musste nach Hause zurückfahren. Der junge Mann flog schließlich nach Südkorea zurück, ohne ihr begegnet zu sein.

In ihrem Freundeskreis gab es einen jungen Mann, der ebenfalls einmal auf Saipan gearbeitet hatte, auf einem Fischerboot. Er war Single und suchte eine Frau. Esther interessierte die Tatsache, dass er wie sie auf Saipan gearbeitet hatte. Sie fragte sich, ob es für ihn ebenfalls eine Art geistliche Trainingszeit gewesen war. Als sie sich zum ersten Mal trafen, fand Esther an seiner Erscheinung nichts besonders Beeindruckendes. Aber Äußerlichkeiten waren ihr sowieso nicht so wichtig.

Sie maß ihn einmal mit ihren Blicken, dann fragte sie gerade heraus: „Bist du Christ?"

„Ja", erwiderte er ohne Zögern.

„Gut, dann lass uns heiraten."

Esther redete nicht gern um den heißen Brei herum und eine lange Zeit des Kennenlernens interessierte sie nicht. Sie wollte sich lieber direkt von Gott führen lassen und seinen Willen tun, als ihrer eigenen Weisheit zu vertrauen.

Esthers Eltern waren mit dem Mann ihrer Schwester nicht wirklich einverstanden gewesen. Deswegen drängten sie darauf, Esthers Verlobten kennenzulernen. Sie hofften sehr, diesmal einen besseren Schwiegersohn zu bekommen. Sie waren beeindruckt und sofort von ihm eingenommen und so gaben sie Esther und ihm ihren Segen. Esther und ihr zukünftiger Ehemann hatten sich im Oktober kennengelernt, sie heirateten im November. Sie waren das erste Paar in der ganzen Region, das offiziell in einer Kirche getraut wurde. Außerdem gab es eine traditionelle, farbenfrohe koreanische Zeremonie im Garten von Esthers Elternhaus.

Esther hatte lange um einen guten Mann gebetet. Aber sie war noch nicht sehr lange verheiratet, als sie Grund hatte zu fürchten, sie hätte den falschen Mann geheiratet. Er hatte gesagt, er sei Christ. Aber der Glaube war für ihn keine Herzenssache. Sie hatte in ihrem tiefsten Inneren darum gebetet, jemanden zu finden, der das Herz eines Hirten besaß. Aber für ihn reichte es, dass er Jesus gebeten hatte, in seinem Herzen zu wohnen, und ab und zu den Gottesdienst zu besuchen. Esther war zutiefst enttäuscht, wie gleichgültig er im Grunde war.

Die letzten Tage der Großmutter

Bald nach der Hochzeit erreichte Esther die Nachricht, dass ihre Großmutter, die Frau ihres geliebten Großvaters, krank war. Esther fuhr sofort hin. Die alte Frau war seit vielen Jahren verbittert, dass ihre Familie sich nach und nach dem Glauben zuwandte, der ihr ihren Mann und so viele Jahre ihre Freude und ihre Freiheit geraubt hatte. Jedenfalls sah sie das so. Aber nun wurde sie immer schwächer und war bald zu kraftlos, um an dieser Bitterkeit festzuhalten. Sie war schwer krank und der Arzt meinte, ihr blieben vielleicht noch drei Tage zu leben. Im Krankenhaus versuchte man, eine Infusion zu legen, konnte aber keine Vene finden, an der das gelang.

Esther betrat das Krankenzimmer und wusch ihre Großmutter, um sie auf das Sterben vorzubereiten. Zärtlich schnitt sie ihr die Fingernägel, wusch ihren Leib und kämmte ihr das Haar und die ganze Zeit erzählte sie ihrer Großmutter von ihrem Glauben an Jesus.

„Vor ein paar Tagen hatte ich einen Traum", vertraute ihre Großmutter ihr schließlich an. „Ich habe geträumt, ich bin gestorben und nach meinem Tod verließ meine Seele meinen Leib und eine Frau in weißen Kleidern erwartete mich. Diese Kleider waren nicht einfach nur weiß, sondern leuchtend weiß; sie strahlten eine Art Reinheit aus. Die Frau führte mich in den Himmel und ich sah vor mir diese unglaublich hohen, wunderschönen Tore. Ich ging darauf zu. Auf einmal war ich allein. Ich ging weiter und die Tore begannen sich zu schließen. Ich empfand Panik, ich kam immer näher, aber es war auch bald klar, dass ich sie nicht erreichen würde, bevor sie sich schlossen."

Ihre Stimme zitterte vor Bewegung. „Vor meinem inneren Auge sah ich mein ganzes Leben ablaufen wie eine Reihe von Bildern. Alles, was ich getan hatte, alles, was ich hätte tun können oder sollen – das sah ich alles ganz deutlich vor mir."

Tränen standen ihr in den Augen. „Ich habe in meinem Leben so viel falsch gemacht."

Es war ein Gnadenmoment. Esther konnte ihre Großmutter anleiten, ihre Sünden zu bekennen, und sie in eine

lebendige Beziehung zu Jesus Christus führen. Ihre Großmutter lebte noch einen ganzen Monat, bevor sie starb.
Esther nahm in Frieden Abschied von ihr, denn sie wusste,
ihre Großeltern würden sich wiedersehen.

8

Auf der Flucht wie Jona

In den späten 1980er-Jahren stand die Sowjetunion am Rande des Zusammenbruchs. Nordkorea verlor damit seine Hauptbezugsquelle für Erdöl, das es dringend brauchte, um die Industrie und die Wirtschaft überhaupt am Laufen zu halten. Bis dahin hatte Nordkorea recht erfolgreich Landwirtschaft und Industrie aufgebaut – so erfolgreich, dass viele koreanische Chinesen sich während der dunklen Zeit von Maos „Großem Sprung nach vorn" in Nordkorea Nahrungsmittel und Medikamente geholt hatten. Aber mit dem Verlust der Ressourcen vom großen Nachbarn Sowjetunion erlebte das kleine Land einen raschen Niedergang.

Was die Lage noch verschlimmerte, war das Missmanagement eines unfähigen Führers, das in einer riesigen Hungersnot der Bevölkerung in Nordkorea endete. In China wuchs der Wohlstand rasch, während Nordkorea immer tiefer in der Armut versank. In den 1990ern verhungerten Millionen; in manchen Gegenden starben so viele Menschen, dass jeder Zentimeter Boden mit Gräbern bedeckt war. Ein Flüchtlingsstrom aus Nordkorea nach China zog über die Grenzflüsse.

Die Kirche in China erlebte in dieser Zeit eine große Erweckung und Esther war begeistert. Mehr Menschen als je zuvor fanden zum Glauben an Jesus und dies führte zu mehreren Netzwerken von Hauskirchen, die nun mehr miteinander verbunden waren. Aber Esther hatte auch Vorbehalte. Einerseits wollte sie sich ganz und gar in den Dienst der wachsenden Kirche stellen, andererseits wollte sie einfach ein normales Leben führen. Sie sehnte sich nach einer Familie, Kindern, einem schönen Zuhause und einer stabilen Umgebung, in der ihre Kinder aufwachsen konnten. Ein Leben voller Opfer, zu dem man bereit sein musste, wenn man in einer Untergrundgemeinde aktiv war, wünschte sie sich nicht.

Esthers Mann hatte aus seiner Zeit auf Saipan genug Geld gespart, um ein Haus zu kaufen. Also gründeten sie eine Familie. 1995 brachte Esther einen Sohn zur Welt und endlich schien ihr Leben die verlässliche, stabile Richtung zu nehmen, die sie sich erhofft hatte.

Trotzdem konnte sie sich nicht von dem Gedanken befreien, dass Gott ihr eine besondere Aufgabe für die Menschen aus Nordkorea gegeben hatte – ein Gedanke, der ihr irgendwie überwältigend erschien. Die Zahl der Flüchtlinge aus Nordkorea in den chinesischen Hausgemeinden wuchs rapide.

Die Gemeindeleitung ermutigte Esther immer wieder, sich um die Nordkoreaner zu kümmern. Ihr Pastor ermahnte sie wiederholt, auf die Stimme des Herrn zu hören. Selbst ihr Mann unterstützte diesen Gedanken. „Esther, Gott ruft dich. Predige den Menschen aus Nordkorea. Sie brauchen dich. Ich will sagen, das ist etwas, das du wirklich in Betracht ziehen solltest." Das war zu viel für Esther.

„Wenn ich jemals einen Dienst an Nordkoreanern übernehmen muss, dann lasse ich mich von dir scheiden", schoss sie zurück. „Ich kann nicht beides – den Nordkoreanern dienen und dabei einen lauwarmen Christen wie dich mitschleppen."

Ihre Worte waren scharf und sollten verletzen. Sie fühlte sich in die Enge getrieben und wollte zurückschlagen. Sie mochte die Nordkoreaner nicht und wollte nichts mit ihnen zu tun haben.

„Reicht es nicht, dass ich dir von ganzem Herzen diene, hier in China?", fragte sie Gott. „Warum musst du mir noch mehr auf die Schultern legen? Kannst du niemanden finden, der diese Leute wirklich liebt? Warum ich?" Esther rang mit Gott und tat alles, um seinen Ruf zu überhören. Aber jedes Mal, wenn sie in die Kirche ging und die nordkoreanischen Flüchtlinge im Gottesdienst erlebte, spürte sie, wie Gott ihr Herz anrührte.

Zurück auf die Insel

Kurz nach dem ersten Geburtstag ihres Sohnes erhielt sie einen Anruf aus Saipan. Es war der Ausweg, den sie gesucht hatte – eine Firma von der Insel bot ihr einen Job an, wenn sie bereit wäre zurückzukommen. Esther nahm die Stelle umgehend an. Sie konnte gar nicht schnell genug aus China wegkommen. Sie dachte, eine Zeit auf Saipan wäre genau das, was sie brauchte. Sie ließ ihren Sohn in der Obhut ihrer Schwester zurück und versprach, ihr dafür Geld zu schicken.

Sobald sie den Kleinen ihrer Schwester übergeben und ihm zum Abschied zugewinkt hatte, verließ sie ihre Zuversicht. Sie wusste, dass sie vor einem Ruf Gottes davonlief. Aber sie wollte einfach nicht unter Nordkoreanern arbeiten und nach Nordkorea gehen wollte sie schon gar nicht. Sie wollte sich von diesem bedrängenden Auftrag für ihr Leben befreien. Der beste Weg, das Problem zu lösen, war, sich aus dem Staub zu machen, und zwar so weit weg wie nur möglich. Saipan war der am weitesten entfernte Ort, den sie kannte.

Sie lief vor den Nordkoreanern davon. Aber sie wollte nicht vor Gott fortlaufen. Sie wollte nur, dass Gott es sich anders überlegte und diesen Ruf zurücknahm. Auf dem Flug nach Saipan kam sie mit einer jungen koreanischen Chinesin ins Gespräch. Die Frau war keine Christin. Ihre Mutter hatte ihr ein rituelles Tuch mitgegeben, das böse Geister abwehren sollte. Esther erkannte das sofort und begann ein Gespräch. Sie sagte der jungen Frau, dass sie dieses Tuch nicht brauchen würde, wenn sie Jesus diente. Das Mädchen hörte Esther zwar interessiert zu, hielt aber das Tuch fest umklammert. An einem Ort, der für sie völlig neu und unbekannt war, wollte sie wenigstens etwas behalten, was sie an zu Hause erinnerte.

Sobald sie auf Saipan landeten, wurden alle Passagiere medizinisch untersucht. Bei der jungen Frau stellte man Tuberkulose fest. Kaum hatte man ihr die Diagnose mitgeteilt, als sie auf Esther zukam und sich an ihrer Schulter ausweinte. „Was kann ich denn tun? Sie sagen, ich muss zurück nach Hause wegen meiner Krankheit. Esther, ich kann nicht zurück. Wir haben nicht genug zu essen. Ich muss für meine Familie Geld verdienen. Bitte, bete für mich."

„Ich kann für dich beten", sagte Esther. „Aber zuerst musst du dieses Tuch wegwerfen. Es hält die bösen Geister nicht fern, es zieht sie an. Nur Jesus kann dich heilen. Das musst du glauben. Bist du bereit, Jesus als deinen Herrn und Retter anzunehmen? Bist du bereit, allen anderen Göttern abzuschwören? Wenn du das tust, kann Gott dich heilen."

Die junge Frau nickte nur kurz. „Ja, das will ich. Ich bin bereit, alles zu tun."

Esther legte ihr die Hände auf und begann zu beten.

Die junge Frau wurde auf der Stelle geheilt. Sie wussten es, denn nach einer zweiten Untersuchung fand sich kein Anzeichen für Tuberkulose mehr in ihrem Körper.

Dieses Wunder war nur eines von vielen, die Esther erlebte, wenn sie für andere betete – ein deutlicher Hinweis darauf, dass Gott in Esthers Leben machtvoll am Werk war.

Das Leben auf Saipan war anders als bei ihrem ersten Aufenthalt. Inzwischen suchten auch Menschen aus anderen asiatischen Staaten hier Arbeit und viele von ihnen waren weniger bereit, die harten Arbeitsbedingungen zu akzeptieren. Vor allem die Philippinos protestierten dagegen und es kam zu offenen Kämpfen. Die Proteste und Auseinandersetzungen kamen der amerikanischen Regierung zu Ohren und es wurden neue Gesetze verabschiedet, die die Lage der Arbeiter verbesserten.

Esther arbeitete in einer anderen Fabrik, wo sie mehr freie Zeit hatte. Sie nutzte sie für einen weiteren Fernkurs, den eine presbyterianische Ausbildungsstätte anbot. Es gab sehr viele Gelegenheiten, mehr über den christlichen Glauben zu lernen, denn inzwischen kamen viele Christen aus Südkorea nach Saipan, um unter den Chinesen zu arbeiten. China war noch immer relativ abgeschlossen und die koreanischen Christen sahen hier eine Möglichkeit, den ansonsten unerreichbaren Chinesen das Evangelium zu bringen.

Ringen mit Gott

Jeden Morgen nahm Esther sich zwei Stunden Zeit zum Gebet. Immer wieder redete Gott zu ihr darüber, dass sie weggelaufen war und ihren Sohn und ihren Mann im Stich gelassen hatte. „Ich verstehe nicht, warum du mich so verfolgst, Gott", betete sie. „Siehst du nicht, dass ich die Falsche für diese Aufgabe bin? Dass ich für diesen Ruf nicht die richtigen Voraussetzungen mitbringe? Warum tust du mir das an? Ich vermisse meine Familie. Mein Sohn fehlt mir so. Ich möchte so gern bei ihnen sein. Stattdessen bin ich hier, auf der Flucht. Was willst du denn noch von mir?"

Sie flehte zu Gott, aber sie verspürte keinen Trost. Im Geist spürte sie Gottes sanfte Weisung, für die Menschen in Nordkorea zu beten – und so fing sie an, regelmäßig dieses Land in ihr Gebet einzuschließen. Sie betete für die Machthaber, für die Gesetzgebung und für das Land im Allgemeinen. Sie betete, dass das Evangelium die Menschen dort erreichen und sie aus dem Albtraum befreien würde, in dem sie lebten.

Eines Nachts träumte sie wieder, dass sie mit den Wolken durch die Luft flog, hoch über China hinweg. Sie sah hinunter und erkannte ihren Sohn, konnte aber nicht anhalten. Sie flog weiter. Sie gelangte nach Nordkorea und sah die Soldaten in ihren Uniformen, die die Grenze bewachten. Die Wachen blieben zurück und sie sah erste Häuser in einem Dorf und landete schließlich vor der Haustür eines dieser Häuser. Plötzlich wurde die Tür geöffnet und man zog sie hinein. Sie begann, das Evangelium von Jesus Christus allen zu predigen, die sich im Haus versammelt hatten. Aber es war anders, als wenn sie sonst gepredigt hatte. In diesem Traum hatte sie keinen Einfluss auf die Worte, die aus ihrem Mund kamen. Sie strömten einfach aus ihr heraus, in der Kraft des Heiligen Geistes. Jeder Einzelne in diesem Raum wurde durch diese Worte genährt. Dann tauchten irgendwo aus dem Hintergrund plötzlich Soldaten mit Hunden auf und kamen auf sie zu. Sie hatte Angst, dass sie sie verhaften würden, konnte aber nicht aufhören zu predigen. Ohne Vorwarnung wurde sie plötzlich wieder in die Wolken emporgehoben und entkam so den Soldaten und ihren Hunden.

Als sie aus diesem Traum erwachte, wusste sie, dass es Zeit war, nach China zurückzugehen. Sie stürmte nach draußen in die nächste Telefonzelle. Telefonzellen hatten sie immer daran erinnert, dass sie ihre Familie im Stich gelassen hatte. Sie hatte von dort regelmäßig zu Hause angerufen, dem Geplapper ihres kleinen Sohnes gelauscht – das hatte ihr regelmäßig das Herz gebrochen. Diesmal würde sie ihrer Familie die gute Nachricht mitteilen, dass sie zurückkam. Sie reichte ihre Kündigung ein und reiste noch am selben Tag nach China zurück. Das war im Jahr 1999.

Ein neues Leben lag vor ihr.

9

Der Einsatz beginnt

Als Esther in China ankam, sagte ihr eine innere Stimme, dass sie hier am richtigen Platz war. Und doch war sie hin- und hergerissen. Einerseits bedeutete ihre Rückkehr, dass sie genau das tat, was sie tun sollte. Andererseits wusste sie nur zu gut, dass sie dieses Richtige bereits früher hätte tun sollen. Sie hatte das Gefühl, Gott die Zeit gestohlen zu haben. So lange hatte er sie überzeugen und darauf warten müssen, dass sie nach China zurückkam. Dabei hätte sie ihm doch einfach gleich von Anfang an gehorchen können.

Auch jetzt noch fiel es ihr schwer, den nordkoreanischen Flüchtlingen zu begegnen, die in China untertauchten. In ihren Augen waren sie dreckig, grob und gefährlich und sie wusste sehr gut, dass sie keine irdische Belohnung zu erwarten hatte, wenn sie ihnen half.

Esthers Schwester war wiederholt in Kontakt zu Nordkoreanern gekommen und hatte angefangen, den Flüchtlingen zu helfen. Sie rief Esther an und bat sie, sie zu besuchen und mit ihr gemeinsam für Nordkorea zu beten. Etwa zwei Monate lang blieb Esther in der Gegend, in der ihre Schwester lebte. Gemeinsam gingen sie in die Berge entlang der Grenze und beteten für Nordkorea. Sie beteten auch mit Flüchtlingen aus dem Land. Je mehr nordkoreanische Menschen sie traf, umso mehr öffnete sie ihnen ihr Herz. Aber sie wusste: Ein Dienst unter ihnen würde nicht leicht werden.

Nachdem sie ein paar Monate lang immer wieder zu ihrer Schwester und zurück gereist war, beschloss sie: Das Beste, was sie tun konnte, war Beten und Fasten. Sie fastete drei Tage lang. Am dritten Tag wurde sie ohnmächtig und verletzte sich am Kopf. Blut lief ihr übers Gesicht. Sie lag am Boden, geschwächt durch das Fasten, und brach in Tränen aus. Sie weinte nicht so sehr vor Schmerz, sondern vor Scham. Kristallklar stand ihr vor Augen, wie sinnlos es war, Gott davonzulaufen. In diesem Augenblick war sie tief beschämt, dass sie vor seinem Ruf und Auftrag geflohen war. Sie überließ sich ganz neu Gott und seinem Willen.

Die Zeit, die sie auf Saipan verbracht hatte, hatte sie ihrem Sohn gestohlen. Sie konnte sich nicht einmal damit trösten, dass sie doch gutes Geld verdient hatte, denn dann hatte sie sie es einem Freund geliehen, der in Schwierigkeiten steckte, und der hatte es nie zurückgezahlt. Jeder Penny war verloren.

Aber dort auf dem Fußboden, blutüberströmt und in Tränen aufgelöst, legte sie ihr Leben Gott in die Hand.

„Nicht mein Wille, sondern dein Wille soll geschehen", sagte sie in einem letzten Akt der Hingabe. „Nicht mein, sondern dein Wille allein." Am fünften Tag ihrer Gebetswache machte sie sich zurecht, stieg in den Bus und fuhr zu ihrer Gemeinde. Dort stellte sie sich vor den Pastor und sagte: „Hier bin ich. Ich bin bereit."

Alle brauchten die Liebe,
die nur Jesus schenken kann

Der Pastor setzte sie sofort ein. Immer wieder kamen Nord-koreaner in die Gemeinde, die völlig verkommen waren und monatelang nicht geduscht hatten. Esther hatte die Aufgabe, sie zu duschen und ihnen die Haare zu waschen. Viele wussten nicht einmal, wie man badet, und so musste sie ihnen bei allem helfen. Und die, die sich auskannten, waren oft so schwach vor Unterernährung oder Krankheit, dass sie nicht die Kraft hatten, sich selbst zu waschen.

Im Jahr 2000 sandte Gott den ersten Flüchtling zu Es-ther, der ihr persönlich ans Herz wuchs. Die junge Frau war dem Verhungern nahe und hatte ihr Leben riskiert, um nach China zu kommen. Aber sie war Menschen-händlern in die Hände gefallen. Diese Leute machen ihr Geschäft damit, dass sie Leute gegen Geld über den Fluss und über die Grenze bringen. Aber wenn es nicht viel zu tun gibt, lauern sie auch schon mal nichts ahnenden ge-flüchteten Frauen auf, die ohne die Hilfe von Schleusern über die Grenze kommen und sich leicht als Sklavinnen verkaufen lassen. Diese junge Frau war auf eigene Faust über die Grenze gekommen. Ein Schleuser hatte sie ent-deckt, überrascht und ihr gedroht, er werde sie den Grenz-wachen ausliefern, wenn sie nicht tat, was er verlangte.

Der Menschenhändler schleppte sie zu einer Reihe von chinesischen Bauern, um sie zu verkaufen. In Nordost-china kann man mit dem Verkauf von Nordkoreanerinnen als Bräute gute Geschäfte machen. Die Ein-Kind-Politik in China hat dazu geführt, dass Babys nach Geschlecht selektiert werden. Viele Eltern lassen ein Kind abtreiben, wenn es ein Mädchen ist, denn nur von einem Sohn kann man erwarten, dass er die Eltern im Alter einmal versorgt. Ohne einen männlichen Nachkommen kann man kaum aufhören zu arbeiten. Als Folge davon gibt es heute in China einen Männerüberschuss. Arme Chinesen aus ländlichen Gebieten haben schlechte Chancen, eine Frau zu finden, und so kaufen sie sich eine.

Die junge Frau, um die Esther sich jetzt kümmerte, hatte man wie ein Stück Fleisch von Haus zu Haus geschleppt, um sie dem Meistbietenden zu überlassen. Ein chinesischer Bauer hatte sie schließlich bekommen. Er hatte sie mehrfach misshandelt und sexuell missbraucht, bis es ihr schließlich gelang zu fliehen. Auf der Flucht kam sie in Kontakt mit einer Gruppe von Christen, die ihr Hilfe anboten. So war sie schließlich zu Esther gekommen.

Esther wusch die junge Frau und sprach dabei über Jesus. Als Esther „Amazing Grace" anstimmte, fiel das Mädchen ein und sang laut mit.

„Du kennst dieses Lied?", fragte Esther überrascht.

„Ja, meine Mutter hat es mir beigebracht. Meine Großeltern waren Christen. Die Japaner haben sie umgebracht, als sie Korea besetzten. Auch meine Eltern waren Christen. Sie kamen in einem Straflager um, auf Befehl von Kim Jong-il", sagte sie, den Blick zu Boden gesenkt. „Dieses Lied hat meine Mutter mir immer vorgesungen."

Esther sah, wie viel Leid diese junge Frau schon erlebt hatte. Sie hatte eigentlich nie eine Chance auf ein besseres Leben gehabt. Ihre Großeltern waren von fremden Invasoren getötet worden, ihre Eltern vom Diktator des eigenen Volkes, und als sie um ihr Leben geflohen war,

war sie Leuten in die Hände gefallen, die sie wie eine Ware verkauft hatten. Woher sollte sie noch Hoffnung nehmen?

Das Leid dieser jungen Frau erfüllte Esther mit Kummer und Zorn. Da war sie nun, verteilte Kleidung, Geld und Nahrung, um den Nordkoreanern zu helfen. Aber eigentlich vermied sie damit nur den eigentlichen Auftrag Gottes für ihr Leben: den Menschen in Nordkorea wirklich zu begegnen, ihnen zu helfen und ihnen zu dienen.

Esther saß da, hörte sich die Geschichte der jungen Frau an und kam dabei zu dem Schluss, dass es mehr für sie zu tun gab, als einfach Sachen an diese leidgeprüften Menschen zu verteilen. Sie brauchten so viel mehr. Sie brauchten das Evangelium, sie mussten erleben und sehen, wie es gelebt wurde. Was Gott Esther weiterzugeben bat, würde nicht so einfach sein wie die Verteilung von Spenden. Diese Menschen aus Nordkorea brauchten eine Liebe, die nur Christus schenken konnte. Und Esther sollte ihnen diese Liebe durch ihr eigenes Leben und ihren Einsatz vor Augen malen.

Flitterwochen im Auftrag Gottes

Sobald Esther sich für diesen Ruf Gottes zur Verfügung gestellt hatte, begannen ihre „Flitterwochen" im Dienst an den Menschen aus Nordkorea, eine Zeit großer Freude. Gott segnete ihren Dienst. Flüchtlinge kamen in Scharen in ihr Haus, um Schutz zu suchen, und verließen es als wiedergeborene Christen. Jede Nacht war jeder verfügbare Schlafplatz im ganzen Haus belegt und immer noch trafen weitere Menschen ein. Schließlich lagen im ganzen Haus in allen Ecken Schlafmatten.

Jede Minute jedes Tages widmete Esther diesem Dienst. Die Flüchtlinge kamen zu jeder Tages- und Nachtzeit, sodass sie nie genug Schlaf bekam. Sie war nicht nur Tag und Nacht im Einsatz, die nötigen Mittel dafür kamen auch nur aus ihrer eigenen Tasche. Esthers Familie trug die ganze finanzielle Last und hatte es nicht leicht, über die Runden zu kommen. Schließlich beschloss Esthers Mann, sich Arbeit in Südkorea zu suchen, damit er das Geld nach Hause schicken konnte.

Es war ihnen als die einzige Möglichkeit erschienen, die Arbeit weiterzuführen. Aber nachdem ihr Mann einige Monate fort war, erkannte Esther, dass sie ihn zu Hause nötiger brauchte als das Geld. Ihre Aufgaben als Mutter und Vollzeit-Versorgerin für bedürftige Nordkoreaner überforderten sie. Nicht nur, weil es schon eine Herausforderung darstellte, alle anfallenden Aufgaben zu bewältigen. Sondern auch, weil es gefährlich für sie war, allein zu sein.

Ihr Dienst unter den Flüchtlingen hatte mit jungen Frauen und Mädchen begonnen, die offen für das Evangelium waren. Anfangs hatte die Bekehrungsrate unter den Flüchtlingen, um die sie sich kümmerte, bei fast hundert Prozent gelegen. Aber nach ein paar Monaten änderte sich die Situation. Immer mehr männliche Flüchtlinge tauchten auf. Die nordkoreanischen Männer neigten zu Gewalt und stellten Ansprüche und Esther sah sich immer öfter von ihnen herausgefordert. Im Lauf der Zeit stellte sich heraus, dass viele unter diesen Flüchtlingen, die in ihr Haus kamen, sie bestahlen; viele waren rohe Kerle, denen es an Mitgefühl oder überhaupt an Emotionen mangelte.

Die Leiter ihrer Gemeinde wussten, mit welchen Herausforderungen Esther konfrontiert war. Sie kamen oft, um für sie zu beten, besonders für ihre Sicherheit und um körperliche Kraft. Esther bat ihren Mann zurückzukommen; sie berichtete ihm von den Schwierigkeiten, mit denen sie kämpfte.

Als er zurückkam, kehrte mit ihm auch wieder eine Atmosphäre von Frieden und Ruhe in ihr Heim ein. Er brachte eine gewisse Stabilität in die ganze Situation. Sie kamen zu der Einsicht, dass diese Arbeit in ihrem eigenen Haus nur möglich war, wenn sie sie gemeinsam als ganze Familie schulterten. Es blieb weiterhin herausfordernd, aber sie wurden nicht müde, den Menschen aus Nordkorea von Herzen und mit Freude zu dienen – und Gott segnete ihren Einsatz, indem viele Christus ihr Leben anvertrauten.

10

Eine Reise,
die das Leben veränderte

Unter den Flüchtlingen gab es eine Frau, mit der Esther eine besonders enge Beziehung verband. Esther hatte sie zum Glauben geführt und darin unterwiesen und die beiden Frauen waren Freundinnen geworden. Dass sie beide denselben Vornamen hatten, verband sie zusätzlich. Als es Zeit war, dass Esther II nach Nordkorea zurückkehren musste, sagte sie Esther Chang, sie würde sie bei den nordkoreanischen Behörden als Verwandte registrieren lassen.

Für Nordkoreaner ist es möglich, ja sogar erwünscht, entfernte Verwandte aus China registrieren zu lassen und ihnen so Visa für einen Besuch zu beschaffen. Diese Besuche sind für die nordkoreanische Regierung ebenso wichtig wie für die Bevölkerung, denn auf diese Weise gelangen Lebensmittel und Geld als Geschenke für Verwandte nach Nordkorea, die für viele in dem verarmten Land eine Überlebensgrundlage bilden. Für die Grenzwachen springt in der Regel ein Bestechungsgeld heraus, wenn die

„Verwandten" die Grenze passieren; die Familien erhalten das Lebensnotwendigste und die Machthaber die Anerkennung dafür, dass sie diese Besuche gestatten. Also hat jeder etwas davon.

Als der Brief mit der Einladung kam, traf Esther mit ihrer Familie Vorbereitungen für eine Reise nach Nordkorea. Esther war ebenso erwartungsvoll wie ängstlich. Sie wollte wirklich gern wissen, wo die Flüchtlinge herkamen und wie das Leben in Nordkorea aussah. Es würde ihr helfen, sie besser zu verstehen und besser mit ihnen ins Gespräch zu kommen.

Im März 2004 steuerte Esthers Mann den Wagen langsam über die Brücke, die das Niemandsland zwischen China und Nordkorea bildet. Die Grenzkontrolle auf der chinesischen Seite hatten sie schon hinter sich. Auf der anderen Seite erwarteten die koreanischen Grenzposten sie und Esther spürte förmlich die durchdringenden Blicke. Wie oft hatte sie schon über diesen Fluss nach Nordkorea hinübergeschaut, aber das Land selbst hatte sie noch nie betreten. Auf einmal wurde ihr bewusst, wie weit sie von ihrem Zuhause in Shenyang fort waren.

Die Einreiseformalitäten nach Nordkorea waren nicht zu vergleichen mit dem Verfahren am Flughafen auf Saipan. Alle Vorschriften und Abläufe schienen aus den 1950er-Jahren zu stammen oder von noch früher. Die Grenzbeamten gaben sich kalt und leblos und funktionierten wie Maschinen. Es gab kein Lächeln, kein Gespräch, kein Zeichen einer Emotion.

Aus dem dreckigen Checkpoint-Häuschen musterten kalte Blicke Esther und ihre Familie, während die Beamten die Papiere durchsahen. Diese Männer kannten kein anderes Leben. Jeden Tag gingen ihre Blicke über den Fluss nach China und sie konnten nur mutmaßen, wie das Leben dort aussah. In ihrem Land sagten ihnen weder Fernsehen noch Filme oder Zeitungen etwas davon, welche Fortschritte China machte. Sie hatten keine Ahnung von den wirtschaftlichen und finanziellen Veränderungen, die China mit jedem Tag ein wenig mehr Wohlstand brachten. Wissen dieser Art hielten die Machthaber gezielt von der Bevölkerung fern, damit niemand auf den Gedanken kam, wirtschaftliche Reformen auch in Nordkorea zu verlangen oder den gottgleichen Status des Staatsführers infrage zu stellen.

Esther verspürte das Bedürfnis, diese robotergleichen Figuren wachzurütteln und ihnen zu sagen, wie die Welt wirklich aussah. Aber vielleicht waren sie gar nicht in der Lage, die Wahrheit zu glauben. Schließlich hatte man sie von Geburt an darauf programmiert, die Lügenpropaganda der Machthaber zu glauben. Den Herrschenden war es zwar nicht gelungen, den Süden zu erobern oder eine eigene Wirtschaft aufzubauen, geschweige denn die Bevölkerung ausreichend zu ernähren. Dafür aber kontrollierten sie mit Erfolg den Informationsfluss und impften jedem einzelnen Menschen innerhalb der Landesgrenzen eine beständige Furcht ein.

Zeitreise in die Fünfzigerjahre

Die Zollbeamten waren unnachgiebig und erlaubten nicht, dass Esthers Familie im eigenen Wagen ins Land einreiste. Das war ein großes Problem, denn die diversen Geschenke, die sie dabeihatten, waren zu schwer, um sie anderweitig zu transportieren. Verboten war außerdem die Einfuhr von allem, was mit koreanischer Schrift bedruckt war. Nur chinesisch, englisch oder russisch beschriftete Waren gingen durch. Alle Lebensmittel mit koreanischer Beschriftung mussten im Wagen bleiben.

Die Bevölkerung sollte nicht erfahren, dass es außerhalb des Landes Waren dieser Art gab. Die Regierung redete ihren Staatsbürgern ein, dass es nur in Nordkorea Wohlstand für die Menschen gab. Die Regierungspropaganda verkündete, das nordkoreanische Volk habe alles Gute im Land nur Kim Il-sung und Kim Jong-il zu verdanken. Die Außenwelt bewies natürlich das Gegenteil, also musste das Regime Maßnahmen ergreifen, jegliches Beweismaterial für eine andere Wirklichkeit aus dem Land fernzuhalten.

Die Grenzposten stießen ihre Bajonette in die Packungen mit Reis, die dabei zerrissen, sodass der Reis auf den Boden rieselte – man konnte ihn später auflesen. Schamlos bedienten sie sich von den Süßigkeiten und gaben sich nicht einmal Mühe zu verbergen, dass sie die Dinge für die eigene Tasche stahlen. Als Regierungsangestellte hielten sie es für ihr gutes Recht, den Besitz anderer Leute für sich zu beanspruchen. Nachdem sie hatten, was sie wollten, verlangten sie, dass Esther eine „Inspektionsgebühr" bezahlte.

Nach den langwierigen Zoll- und Grenzkontrollformalitäten durften sie endlich das Land betreten. Esther kam sich vor wie in einem Traum. Sie erinnerte sich an Geschichten, die ihr Vater und ihr Großvater erzählt hatten: wie es in China nach der Revolution gewesen war, nach dem „Großen Sprung nach vorn", und sie fragte sich, ob die Verhältnisse ähnlich gewesen waren wie das, was sie hier in Nordkorea zu sehen bekam. Viele Menschen auf den Straßen trugen nicht einmal Schuhe, sondern einfache Stofffetzen an den Füßen. Esther und ihre Familie waren sofort als Fremde zu erkennen – sie waren gepflegter und viel besser gekleidet als sonst jemand auf der Straße. Kleidung, wie Esther und ihre Familie sie trugen, wäre einem Nordkoreaner niemals erlaubt worden.

Esther sah sich um und bemerkte plötzlich, dass sie sich selbst in den Arm kniff, bis es schmerzte – alles um sie her war so unwirklich, wie ein einziger Albtraum. Selbst ihre Freundin, die ihr das Visum verschafft und sie eingeladen hatte, schien reserviert und distanziert, als sie Esther an der Grenze empfing. Esther erkannte rasch, dass die Rückkehr nach Nordkorea einen unheimlichen Einfluss auch auf die seelische Verfassung ihrer Freundin hatte. Das allgegenwärtige Elend öffnete Esther die Augen dafür, warum so viele unter den Flüchtlingen gefühllos und unaufrichtig waren.

Sie gingen die Straße entlang und sahen einen älteren Mann von etwa vierzig Jahren auf dem Fahrrad. Ein kleiner Junge fuhr ebenfalls mit dem Fahrrad in dieselbe Richtung – genau in das Fahrrad des Mannes. Der Junge stürzte und schien ernsthaft verletzt zu sein. Der Mann stieg vom Rad, lief zu dem Kind, und statt ihm zu helfen, schlug er auf den Jungen ein. Esthers Familie sah erschrocken zu, wie dieser Mann auf ein Kind einprügelte, das gerade einen Fahrradunfall gehabt hatte.

Bis zum Haus ihrer Freundin war es nicht weit. Das Haus war eigentlich eine schäbige Hütte ähnlich den behelfsmäßigen Unterkünften, die es während der Kulturrevolution überall in den Dörfern in Nordostchina gegeben hatte – Holzverschläge mit Schornsteinen, die sich durch kaputte, schiefe Holzschindeldächer in den Himmel streckten. Jeder Schornstein stand für ein oder zwei Familien – und in jedem der Holzbauten gab es etliche Schornsteine.

Drinnen war es dunkel. Staub schwebte in der Luft, den man allerdings nur in den kurzen Momenten sah, wenn Tageslicht durch das Fenster oder einen Spalt in der Bretterwand drang. Bilder von Kim Jong-il und seinem Vater Kim Il-sung – dem Staatsgründer von Nordkorea – hingen gut sichtbar an den Wänden. Die Bilder waren die Hauptattraktion in diesem Haus, das Hübscheste, was diese Familie besaß. Alle Nordkoreaner hatten die Pflicht, diese „Familienschätze" in gepflegtem Zustand zu erhalten. Sollte der Rahmen zerbrechen, das Glas schmutzig oder das Bild beschädigt werden, mussten die Besitzer mit harten Strafen wegen Beleidigung des Staatsführers rechnen.

Bis auf diese Bilder war das Haus dieser nordkoreanischen Familie praktisch leer. Man konnte nur in dem kahlen Raum sitzen und einander ansehen. Es gab keine Spielekonsolen, keine Brettspiele. Draußen gab es keine öffentlichen Parks, keine Sehenswürdigkeiten. Das ganze Land schien unter einer dunklen Wolke der Depression zu liegen.

Ein Haufen Lumpen auf den Bahngleisen

Ihre Gastgeber waren sehr großzügig und teilten das wenige, was sie hatten, mit Esther. Da sie als Verwandte galt, stand es ihr frei, sich in der Gegend umzusehen, ohne dass die für Touristen übliche Polizeieskorte sie begleitete. Am nächsten Tag machten sie alle zusammen einen Spaziergang durch die Nachbarschaft. Unter einem großen, Schatten spendenden Baum am Straßenrand saßen etliche Menschen in einem Kreis beisammen. Als die Gruppe näher kam, sah Esther, dass die Menschen einen Mann in ihrer Mitte hatten, der schwach und krank zu sein schien.

„Was fehlt ihm?", fragte Esther.

Niemand antwortete. Sie hockten nur in sich zusammengesunken da, völlig apathisch. Esther wiederholte ihre Frage: „Stimmt irgendetwas nicht?"

Jemand sah mit leblosen Augen zu ihr auf. „Er ist tot."

Esther blieb stehen. Sie war entsetzt. Niemand weinte oder ließ sonst Anzeichen von Trauer erkennen. Weder Polizei noch Krankenwagen erschienen, um den Mann abzuholen. Wer weiß, wie lange er schon tot war. Niemand schien davon Notiz zu nehmen, außer den Menschen unter dem Baum.

Sie gingen weiter, entlang der Bahnschienen. In einiger Entfernung sah Esther etwas, das wie ein Lumpenhaufen aussah. Als sie näher kam, erkannte sie, dass es der ausgemergelte Körper eines jungen Mädchens war. Auch sie war tot.

Esther hatte schon einige Tote in ihrem Leben zu Gesicht bekommen. Aber noch nie hatte sie diese Gleichgültigkeit gegenüber einem Leichnam erlebt. Es schien niemanden zu kümmern, dass dieses Mädchen mitten auf den Bahngleisen zusammengebrochen und gestorben war.

Esther sah der Toten ins Gesicht. Es war leblos, aber darin unterschied es sich kaum von den Gesichtern der noch lebenden Menschen, die sie in den Straßen sah. Dieses Mädchen war gestorben – ohne Hoffnung und sehr wahrscheinlich auch ohne Jesus zu kennen, ihren Herrn und Erlöser. Esther stand lange da und betrachtete dieses Gesicht. Und je länger sie so dastand, umso mehr wurde das Gesicht der Toten zu ihrem eigenen Gesicht und ihr Körper zu ihrem Körper.

In diesem Augenblick erkannte Esther: Zwischen diesem toten Mädchen und ihr selbst gab es eigentlich keinen Unterschied. Wäre sie auf der anderen Seite der Grenze geboren worden, dann wäre sie so geworden wie diese Tote – eine kalte, leblose, gefühllose, unehrliche Diebin am Rand des Verhungerns. Der einzige Unterschied zwischen ihnen bestand darin, auf welcher Seite der Grenze sie jeweils geboren waren.

Auf einmal überfiel Esther die Erkenntnis ihrer Schuld. Wie konnte sie früher nur so hart über diese Menschen urteilen! Wie hochmütig sie gewesen war! „Lieber Herr", flehte sie im Herzen. „Vergib mir! Vergib mir alle meine Sünden, die ich begangen habe. Vergib meinen Ungehorsam. Vergib meinen Eigensinn und dass ich überhaupt nicht den Wunsch hatte, deinen Willen zu tun. Vergib mir die vielen Gelegenheiten, bei denen ich deinen Namen verleugnet habe oder deinem Ruf nicht gefolgt bin."

Nie zuvor hatte Esther so von Herzen um Vergebung gefleht. „Wenn ich nicht vor dir davongelaufen wäre, hätte ich vielleicht die Chance gehabt, diesem Mädchen vom Evangelium zu erzählen. Wenn ich nicht getan hätte, was ich wollte, sondern deinem Willen gefolgt wäre, wäre sie vielleicht noch am Leben. – Gott, daran kann ich nun nichts mehr ändern. Ich kann die Zeit nicht zurückdrehen. Ich kann nicht ungeschehen machen, was ich versäumt habe. Aber wie sehr wünsche ich mir, dass ich es könnte – die Zeit zurückzudrehen und von Anfang an deinen Willen zu tun. Ich habe versagt, Vater. Ich habe dich enttäuscht."

„Wer in der Hölle geboren ist, handelt auch wie ein Teufel"

Es war ein Moment tiefer Reue. Aber in diesem Moment ließ Gott Esther erkennen, dass zwischen ihr und den Menschen in Nordkorea eine klare Verbindung bestand und dass Gott schon längst dabei war, seine Pläne umzusetzen. Sie verstand plötzlich, warum ihr Großvater in Russland studiert hatte, warum er in China verfolgt worden war. Sie wusste, warum sie so privilegiert war, in China geboren worden zu sein, warum sie das Leben gelebt hatte, das sie gelebt hatte. Es gab eine klare Verbindung zwischen ihrem Leben und dem, was Gott ihr aufgetragen hatte. In der Stille dieses Augenblicks spürte Esther, wie Gott zu ihr redete: *Ich habe dich berufen. Ich habe dich vorbereitet.*

Esther wusste ohne jede Spur eines Zweifels: Gott rief sie, ihr Leben in seinem Namen dem Dienst an den Menschen in Nordkorea zu widmen.

Vor diesem Tag hatte es immer wieder Augenblicke gegeben, in denen Esther sich von den Menschen, denen sie zu dienen versuchte, zutiefst verraten gefühlt hatte. Sie gab alles, was sie besaß, für die Flüchtlinge, und sie dankten es ihr mit Grausamkeit, Diebstahl und Beschimpfungen. Jetzt verstand sie: Wer Gott nicht kennt, kennt auch keine andere Weise zu leben. Wer in der Hölle geboren ist, handelt auch wie ein Teufel.

„Ich werde dein Wort hier verkünden, Herr, und wenn es mich das Leben kostet. Ich will so viele Menschen wie möglich erreichen, bevor sie mich umbringen. Ich möchte erleben, dass so viele Menschen wie nur möglich gerettet werden", betete sie aus tiefstem Herzen.

Emotional und geistig erschöpft ging Esther zurück zum Haus ihrer Freundin. Dieser Aufenthalt in Nordkorea erwies sich als zu viel, um die Eindrücke zu verarbeiten. Sie kam sich vor wie in einem Paralleluniversum, wo alles auf dem Kopf stand: Was normalerweise richtig war, war hier falsch, was anderswo falsch war, war hier richtig.

Später an diesem Abend sah Esther einen Mann, der auf dem Heimweg in das Nachbardorf war. Er stach aus der Masse der anderen hervor, weil er so gut aussah – wie ein Filmstar! Ihre Freundin erzählte ihr, dass seine Frau vor Kurzem an Hunger gestorben war. Kurz nach dem Tod seiner Frau hatte seine kleine Tochter eine Freundin zum Spielen mit nach Hause gebracht. Wenig später wurde diese Freundin vermisst.

An dem Abend, an dem der Mann Esther aufgefallen war, erhielten die Behörden einen Hinweis wegen des vermissten Mädchens – er bezog sich auf diesen Mann. Die Polizei erschien bei ihm und fand eine Szene unvorstellbaren Horrors: Ein großer Wasserkessel hing über dem Feuer und darin kochten die Körperteile des vermissten Mädchens.

Das allein war entsetzlich genug. Aber noch mehr schockierte es Esther, dass niemand im ganzen Dorf besonders überrascht zu sein schien. Was Esther und ihre Familie mit Entsetzen erfüllte, wurde von den Nordkoreanern einfach mit einem Achselzucken kommentiert.

***

Diese erste Reise nach Nordkorea gehörte zu den Erfahrungen, die Esthers Leben am nachhaltigsten veränderten. Als sie in ihr Haus in China zurückkehrte, befand sie sich in einem leichten Schockzustand und es dauerte einige Zeit, bis sie verdaut hatte, was sie gesehen hatte. Nichts hatte sie darauf vorbereitet, welche Verzweiflung, welche Entbehrung und welch grimmige Not in diesem Land herrschten. Aber auch das tiefste Dunkel, das über Nordkorea lag, konnte die Liebe nicht schmälern, die Esther für diese verlorenen Seelen empfand. Im Gegenteil: Je mehr Elend sie sah, umso mehr Mitleid empfand sie für die ausgelieferten Menschen und umso stärker wurde ihr Verlangen, sie zu Christus zu führen.

Nach ein paar Tagen, in denen sie sich etwas erholte, ging das Leben weiter wie immer. Sie kümmerte sich um die Flüchtlinge. Sie war dieses eine Mal in Nordkorea gewesen, aber sie wusste, es war nicht das letzte Mal gewesen. Gott hatte sie beauftragt, den Menschen dort zu dienen. Und ihr war deutlich bewusst: Dieser Auftrag bedeutete, dass sie die Grenze noch sehr häufig würde überschreiten müssen.

11

Ein hoher Preis

Eines Tages klingelte das Telefon.

Esther nahm den Hörer ab. Eine raue Stimme fragte: „Spreche ich mit Esther?"

„Ja", erwiderte sie vorsichtig.

„Wir brauchen 500 chinesische Yuan von dir", sagte die Stimme ohne weitere Einleitung.

„Tut mir leid, ich weiß nicht, wer Sie sind", sagte Esther verwirrt.

„Halte das Geld bereit und wir schicken jemanden, um es abzuholen. Wenn wir es nicht bekommen, werden wir deinen Sohn finden … und er wird für den Rest seines Lebens ein Krüppel sein." Damit legte der Anrufer auf.

Esther erstarrte. Nie in ihrem Leben hatte sie einen solchen Anruf erhalten. Fieberhaft überlegte sie, was sie tun konnte. Wenn sie sich an die Polizei wandte, würde sehr rasch herauskommen, dass sie illegal nordkoreanische Flüchtlinge beherbergte – und nicht nur das. Sie erzählte ihnen ja auch vom Evangelium. Doppelt illegal. Sie konnte nichts tun als beten.

Und weiterarbeiten.

Jeden Tag bereitete Esther Bibelarbeiten vor und erklärte den Flüchtlingen das Wort Gottes. Wenn neue Flüchtlinge auftauchten, gab sie ihnen zu essen und wusch ihnen die verlausten Haare. Sie kochte alle Mahlzeiten selbst, machte die Betten, putzte die Zimmer. Sie schlief wie etliche der Flüchtlinge auf dem Fußboden, weil die Betten mit anderen Flüchtlingen belegt waren. Bald erhielt sie immer häufiger Anrufe von Nordkoreanern, die gerade über die Grenze gekommen waren. Sie baten um Hilfe – und viele forderten sie auch. Esther war ständig in Alarmbereitschaft, sie arbeitete Tag und Nacht und langsam spürte sie, wie ihre Kräfte sie verließen.

Am Tag nach dem Drohanruf erschienen fünf heruntergekommene Nordkoreaner an ihrer Tür. Sie bat sie herein, versorgte sie, gab ihnen zu essen und wies ihnen Schlafplätze zu. Kaum war das erledigt, als es wieder klopfte. Wieder standen fünf elende Gestalten vor der Tür. Es war genau wie immer: Es gab einfach keine Pause. Sie waren alle so verdreckt, dass es eine Gesundheitsgefährdung bedeutete, sie im Haus zu haben. Sie hatten alle Kopfläuse und Pilzerkrankungen auf der Haut. Sie musste sie alle zuerst ins öffentliche Bad schaffen, bevor Läuse und Krankheiten sich in ihrem Haus verbreiteten.

Keine der Frauen besaß Unterwäsche oder gar einen BH. Die Kleider stanken entsetzlich. Esther ließ sie stehen, wo sie waren, ging selbst ins Bad, schloss die Tür und brach in Tränen aus. Es war einfach zu viel für sie. Und dann noch dieser Drohanruf.

„Herr, bitte hilf mir", betete sie. „Ich brauche deine Hilfe."

Esther verstand die Flüchtlinge besser, seit sie gesehen hatte, aus was für Verhältnissen sie kamen und wie sie gelebt hatten, bevor sie an ihre Haustür klopften. Aber selbst mit diesem neu gewonnenen Verständnis war die Situation immer noch schwierig, gefährlich und jetzt beinahe unerträglich für sie.

Sie riss sich zusammen, ging zurück zu den wartenden Menschen und lief mit ihnen ins öffentliche Bad, damit sie sich dort wuschen. Bevor sie hineingingen, ermahnte Esther die Gruppe: „Niemand darf ein Wort sagen. Versteht ihr mich? Ihr müsst den Mund halten, absolut. Sprecht mit niemandem. Euer Akzent würde euch verraten. Wenn ihr auch nur ein Wort sagt, wird man sofort wissen, dass ihr aus Nordkorea kommt. Dann würden wir alle verhaftet."

„Warum tust du das alles für uns?", fragte jemand. „Was bekommst du dafür? Warum riskierst du so viel, um uns zu helfen?" Sie waren alle dringend auf ihre Hilfe angewiesen. Sie hätten nicht gewusst, wohin sie sonst gehen sollten. Aber sie wunderten sich auch, was sie dazu bewog, ihnen zu helfen. Warum riskierte diese Frau eine Verhaftung, um Menschen zu helfen, die sie noch nie gesehen hatte und denen sie in keiner Weise verpflichtet war?

„Was ich tue, tue ich, weil ich Jesus Christus kenne. Er hat mich geliebt, bevor ich ihn überhaupt kannte. Und nun liebe ich andere Menschen, bevor sie mich kennen. Das habe ich von Jesus gelernt, meinem Herrn, dem ich folge." Sie nahmen die Worte verständnislos auf, aber Esther hatte jetzt keine Zeit für weitere Erklärungen.

Als sie schließlich wieder bei Esther zu Hause waren, fanden viele aus dieser Gruppe zu Jesus. Esther konnte ihnen das Evangelium erklären und ihnen etwas aus der Bibel nahebringen. Aber es gab auch andere, die sich über sie ärgerten. Die Hilfe, die sie anbot, nahmen sie gern an, aber insgeheim agitierten sie gegen sie.

Am Ende ihrer Kraft

Als Esther am folgenden Abend nach Hause kam, fand sie es im Aufruhr. Einer der Nordkoreaner tobte und brüllte jeden an, der im Haus war.

„Was geht hier vor?", verlangte Esther zu wissen.

„Du! Du bist das Problem. Ich brauche Geld", schrie er sie an.

„Was soll das heißen? Ich versuche dir zu helfen. Warum führst du dich so auf?"

„Ich brauche deine Hilfe nicht. Ich brauche dein Geld. Und zwar alles."

In diesem Moment kam Esthers Sohn, inzwischen sechs Jahre alt, aus einem der Schlafzimmer. Der Mann packte ihn und zog ihn an sich. Er griff nach einem Küchenmesser, das auf dem Tisch lag, und hielt es dem Kind an die Kehle. Esther schrie auf.

„Bleib, wo du bist! Bleib da oder ich schneide ihm die Kehle durch, das versprech ich dir!", brüllte der Kerl.

Der Junge flehte den Mann an, ihn loszulassen.

„Bitte, tu meinem Sohn nichts", sagte Esther, so ruhig sie konnte.

„Ich habe dir gesagt, was ich will. Dein Geld. Gib es mir oder in diesem Raum fließt Blut. Hast du verstanden?"

„Okay, okay", sagte Esther. Ihre Hand zitterte unkontrollierbar, während sie den Inhalt ihrer Handtasche auf den Tisch schüttete. „Hier, das ist alles Geld, das ich habe. Nimm es. Bitte tu meinem Sohn nichts."

Der Mann stieß den Jungen von sich, schnappte sich das Geld und verschwand durch die Haustür. Esther schloss ihren Sohn in die Arme. Schluchzend wiegte sie ihn sanft hin und her. Aber der Junge stieß sie von sich und schlug ihr ins Gesicht.

„Warum hast du sie lieber als mich?", wollte er wissen und wies auf die Flüchtlinge im Raum. „Warum, Mami? Sind *sie* deine Söhne? Ich bin so oft krank, weil sie all diese Krankheiten anschleppen. Ich kann nicht zur Schule gehen. Wenn du nicht hier bist, nehmen sie mir das Essen weg. Sie geben mir gar nichts, Mami. Und wenn ich es dir sage, würden sie mich schlagen, haben sie gesagt. Warum tust du uns das an?"

Esther verschlug es die Sprache. Was der Junge sagte, war wahr. Als sie ihren sechsjährigen Sohn reden hörte wie einen Erwachsenen, wurde Esther plötzlich klar, dass er um seine Kindheit betrogen wurde. Er hatte Läuse und Hautschuppen, weil er in dieser Umgebung hier lebte. Seine Fingernägel waren bis aufs Blut abgekaut, weil er aus lauter Anspannung ständig daran nagte. Sie hatte nicht gewusst, was er ausstand, wenn sie nicht im Haus war. Aber nun war es heraus.

Schluchzend breitete Esther die Arme aus. Er warf sich hinein und sie umarmten einander und schluchzten gemeinsam. Aber der Moment war rasch vorbei. Wieder klingelte das Telefon. Es war ihre Freundin aus Nordkorea und sie hatte keine gute Nachricht. Die Grenzposten hatten einige Flüchtlinge aufgegriffen und die hatten in ihrer Verzweiflung angegeben, Esther würde Flüchtlinge bei sich unterbringen und sie dann missbrauchen, um aus ihnen Kapital zu schlagen. Die Polizei wusste jetzt also, was sie hier tat.

Esther war so vor den Kopf geschlagen, dass sie nicht sofort begriff, was das bedeutete.

„Esther!", drängte die Freundin. „Du musst sofort das Haus verlassen. Die Polizei wird bald da sein."

Esther ließ den Hörer neben der Gabel liegen. Die Welt schien unter ihr einzustürzen. Ihr Mann war in geschäftlichen Angelegenheiten unterwegs, ihr Sohn wurde in ihrem eigenen Haus terrorisiert, gerade hatte man ihr ihr ganzes Geld geraubt und nun musste sie aus ihrem eigenen Haus fliehen, weil die Polizei ihr auf der Spur war. Sie nahm ihren Sohn auf den Arm und ging zur Tür.

„Ihr müsst alle hier verschwinden", rief sie. „Die Polizei ist unterwegs hierher. Wenn man euch hier findet, verhaften sie euch."

„Aber wo sollen wir hin?", jammerte jemand.

Esther überlegte einen Moment. „Ich weiß es nicht", sagte sie dann und verließ das Haus.

Sie verließ mit ihrem Sohn ihr Zuhause, ohne zu wissen, wohin sie gehen sollte. Zunächst begab sie sich zum Haus eines ehemaligen Kollegen, der früher ebenfalls unter nordkoreanischen Flüchtlingen evangelisiert hatte. Esther hoffte, er würde ihre Situation verstehen. Aber statt sie ins Haus zu bitten und ihnen zu helfen, schlug der Mann ihr die Tür vor der Nase zu aus Angst, die Polizei würde auch bald bei ihm auftauchen. Er war zornig auf Esther, weil sie es wagte, hier zu erscheinen und seine Familie in Gefahr zu bringen. Es war diese Angst, die ihn dazu gebracht hatte, sein christliches Engagement schon vor Jahren aufzugeben.

Esther lief durch die Straßen, ihren kleinen Sohn an der Hand. Sie waren hungrig und müde. Sie hatten kein Dach über dem Kopf, nichts zu essen, kein Geld und niemanden, den sie um Hilfe bitten konnten. Alles, was sie tun konnte, war zu beten. Schließlich, als sie fast bis zum Stadtrand gelaufen war, setzte sie sich einfach mit dem Kind an den Rand einer unbelebten Straße. „Es wird alles wieder gut", beruhigte sie den weinenden Jungen. Aber sie wusste, dass sie ebenso verängstigt war wie er. Voller Angst, was die nächsten Stunden ohne Nahrung, Unterkunft oder Geld bringen würden. Sie waren Wind und Wetter ausgesetzt und Esther hatte niemanden, dem sie trauen konnte. Ihr Sohn weinte vor Hunger und sie versuchte, ihn zu trösten, so gut sie es mit dem Rest ihrer Kraft vermochte. Ihren Sohn in den Armen und unter Schluchzen flehte sie zu Gott.

„Gott wird für uns sorgen. Wir müssen ihm einfach vertrauen. Er hilft uns ganz bestimmt."

Es war das erste Mal, dass Esther völlig mittellos auf der Straße stand. Es würde weiterhin vorkommen, dass die Nordkoreaner sie verrieten. Es gab solche, die sich bei ihr satt aßen, ihr dann den Rücken kehrten und überall erzählten, sie hätten in China gehungert und Esther sei schuld daran. Sie nahmen alles an, was sie gab, und taten anschließend alles, um sie in Schwierigkeiten zu bringen, wenn ihre Mittel erschöpft waren.

Viele unter den Flüchtlingen glichen kaltblütigen Raubtieren ohne Herz und Seele. Esther wusste: Jesus wollte, dass sie diese Menschen liebte. Aber ihr Verhalten war unnormal und überstieg alles, was Esther sich hatte vorstellen können oder was sie noch ertragen konnte. Irgendetwas in ihr sehnte sich danach, wenigstens ein Fünkchen Dankbarkeit zu erfahren. Aber sie waren nicht nur undankbar, sie wollten ihr regelrecht schaden. Das war der Dank dafür, dass sie ihnen half. Nichts war so, wie sie es erwartet hatte.

Am nächsten Tag hörte sie, dass einige der Flüchtlinge aus ihrem Haus bei einer örtlichen Gemeinde untergekommen waren. Andere waren nach Nordkorea zurückgekehrt. Sie beschloss, einfach nach Hause zu gehen. Es war ihr gleichgültig, ob man sie verhaften würde. Sie war es einfach müde davonzulaufen.

12

Neue Reise nach Nordkorea

Esther hatte sich oft gesagt, sie mochte zwar alles verloren haben, aber wenigstens ihre Gesundheit war ihr erhalten geblieben. Aber nun schien ihr auch die genommen zu werden. Wenige Tage nachdem sie aus ihrem Haus geflohen war, fühlte sie sich schwach. Immer wieder musste sie sich übergeben. Es dauerte nicht lange und man wies sie ins örtliche Krankenhaus ein. Die ständige Anspannung, die Gefahr, in der sie lebte, forderten ihren Tribut. Sie habe eine stressbedingte Magenentzündung, sagte der Arzt. Außerdem Herzgeräusche und eine Arterienverengung, die Kreislaufstörungen verursachte. Sie war in einem kritischen Zustand und brauchte eine sofortige Behandlung.

Hilflos und erschöpft lag sie in ihrem Krankenhausbett. Aber seltsamerweise verspürte sie keine Angst. Sie wusste, dass die schmerzhaften Erfahrungen zu Gottes Lernprogramm für sie gehörten. Sie erinnerte sich, wie viele Flüchtlinge ihre Hilfe missbraucht hatten. Aber sie wurde auch daran erinnert, dass Jesus alle seine Jünger liebte und dass er Judas in den Jüngerkreis berufen hatte, obwohl er genau wusste, dass der ihn verraten würde. Judas hatte sogar versucht, aus dem Tod von Jesus Kapital zu schlagen, aber Jesus hatte ihn trotzdem geliebt. Er hatte Zeit, Liebe und Kraft investiert, um Judas zu einem seiner Nachfolger zu machen. Er hatte ihm sogar ihre Geldmittel anvertraut. Nichts davon musste Jesus als Fehlinvestition betrachtet haben. Beim Sohn Gottes gab es keine Fehlinvestitionen.

In ihrer großen Schwachheit blieb ihr nichts anderes zu tun, als ihr ganzes Leben Gott im Gebet neu anzuvertrauen – ihre Gesundheit, die Flüchtlinge, die ihr in den Rücken fielen, ihren Sohn, ihren Mann, ihre Gemeinde, alles. Sie richtete ihren Blick ganz darauf, ihre gesamte Lebenssituation in Gottes Hände zu legen, und schon bald besserte sich ihr Zustand und sie spürte Gottes heilende Hände. Der Arzt war sprachlos, nachdem er ihr gesagt hatte, er könne keines der vorher benannten Symptome mehr bei ihr finden. Sie verließ das Krankenhaus viel eher, als sie erwartet hatte, und machte sich sofort daran, eine neue Bleibe zu finden, bevor die Polizei wieder auftauchte.

Nachdem sie ein neues Haus bezogen hatte, ging sie in ihre Gemeinde, wo bereits neue Flüchtlinge auf sie warteten. Gott hatte ihr neue Kraft geschenkt, während sie im Krankenhaus lag, und sie verlor keine Zeit und nahm ihre Arbeit für die Flüchtlinge sofort wieder auf.

Offene Türen

Gott begann Türen zu öffnen, die Esther die ungehinderte Einreise nach Nordkorea ermöglichten. Durch eine besondere Beziehung erhielt sie eine Stelle als Gutachterin einer chinesischen Firma, die auch Niederlassungen in Nordkorea hatte. Sie sollte dort etliche Langzeitprojekte überwachen – eine Aufgabe, die es möglich machte, dass Esther sich so lange in Nordkorea aufhalten konnte, wie sie wollte. Selbst in der Sicherheitsabteilung der Staatspolizei (SPSD) war man überrascht, dass ihr Visum praktisch unbegrenzt galt. Sie packte ihre Koffer und reiste nach Nordkorea.

Wer Nordkorea als Tourist bereist, bekommt normalerweise einen oder zwei „Führer" zugewiesen, die den Besucher auf Schritt und Tritt begleiten. Diese Führer bestimmen, wohin man gehen und mit wem man sich treffen kann, und überwachen jede Aktivität – alles auf Kosten des Besuchers. Als Esther dieses Mal die Grenze überschritt, standen gerade keine Führer zur Verfügung. Erstaunlicherweise ließ man sie allein und ohne Kontrolle weiterreisen.

Bis zu ihrem Ziel musste sie etliche Straßenkontrollen passieren. Als nordkoreanische Bürgerin hätte sie jedes Mal ihren Ausweis vorweisen müssen. An jedem Kontrollpunkt wurde sie anfangs von den Wachposten belästigt, die sie für eine Koreanerin mit ungewöhnlich schicken Kleidern hielten, aber wenn sie ihren Pass vorlegte, ließ man sie in Ruhe – sie war schließlich eine chinesische Staatsbürgerin.

Dieser zweite Aufenthalt war für Esther nicht weniger schockierend, als es der erste gewesen war. Wieder hatte sie das Gefühl, eine Reise in die Vergangenheit zu machen. Die Menschen trugen alte Militäruniformen mit abgeschabten Gürteln um die Taille. Arbeiter marschierten, rote Flaggen schwenkend, als Brigaden der Revolution durch die Straßen. Die alten, fadenscheinigen Uniformen schlotterten um die ausgemergelten Skelette und die roten Armbinden hatte man am Stoff festkleben müssen, weil die Arme zu dünn waren, um die Binden zu halten. Sie trugen löcherige, verrottete Schuhe und hatten blasse Gesichter ohne jedes Anzeichen von Leben oder gar Glück.

Diesmal hatte Esther den Eindruck, sie könnte alles, was sie sah, mit zwei unterschiedlichen Augenpaaren betrachten: einmal mit ihren körperlichen und einmal mit ihren geistlichen Augen. Sie sah, dass das Land voller falscher Götter war. Wohin man auch sah, verehrten die Menschen die beiden Großen Führer Kim Jong-il und Kim Il-sung. Die Menschen lebten freudlos dahin und kannten kein Mitgefühl füreinander. Alle waren kurz vor dem Verhungern, und die Vergötterung der Herrscher und der Hass auf den christlichen Glauben lagen offensichtlich wie ein Fluch auf dem Land.

Sie ging durch die Straßen und nahm die unvorstellbare Armut, die überall herrschte, in sich auf. Von außen sahen die Häuser in den Dörfern nicht einmal besonders schlimm aus, aber sobald man einen Blick hineinwarf, sprang einen die Armut förmlich an. Es gab keine Teppiche auf dem kargen Lehmboden. Die Menschen in den Häusern hatten nichts zu essen bis auf ein wenig Brei aus Gras und etwas Mehl oder geschroteten Mais – etwas, das man in anderen Ländern gerade mal dem Vieh als Futter vorsetzt.

Wer sich selbst diesen Brei nicht leisten konnte, den brachte der Hunger dazu, die eigenen Verwandten umzubringen und zu verspeisen, nur um zu überleben – wie

Esther es ja schon bei ihrem ersten Aufenthalt erlebt hatte. Wohin sie auch sah, gab es Kämpfe, Gewalt und Vulgarität. Die Menschen starben in den Straßen und ihre Leichname blieben einfach liegen, wie Abfall am Bordstein.

Esther hatte das unbändige Bedürfnis, einfach die Hände zu erheben, sich mitten auf den zentralen Platz des Ortes zu stellen und laut auszurufen: „Glaubt an Jesus und ihr werdet gerettet!" Aber sie wusste, dass man sie dann auf der Stelle umgebracht hätte. Sie musste einen Weg finden, das Evangelium weiterzugeben, ohne dass die staatlichen Organe es mitbekamen.

Aber da alle Bereiche des Lebens in Nordkorea unter staatlicher Kontrolle standen, würde es nicht leicht für sie sein, unentdeckt zu bleiben. Esther spürte sehr deutlich, dass Gott dieses Land am Herzen lag und wie sehr es ihn danach verlangte, die Menschen hier für sich zurückzugewinnen. Auf nordkoreanischem Boden war das Blut vieler Märtyrer vergossen worden und sie wusste, dass dieses Opfer eines Tages eine große Ernte für die Ewigkeit einbringen würde.

Nahrung für die Hungernden

Nach einigen weiteren Reisen nach Nordkorea kam Esther in Kontakt mit ein paar chinesischen Geschäftsleuten, die nach Möglichkeiten suchten, ihre Geschäftstätigkeit in das abgeschottete Land hinein auszuweiten. Esther war für sie die geeignete Person, die ihnen sagen konnte, wie sie es einfädeln mussten. Esther ergriff diese Chance nur zu gern und brachte etliche große Investoren ins Land, was sie rasch bei den Grenzposten und den nordkoreanischen Behörden bekannt machte.

Allerdings wurde sie von den Staatsvertretern auch misstrauisch beäugt. Kein Ausländer blieb jemals so lange im Land und lebte so lange unter den erbärmlichen Verhältnissen. Niemand sonst organisierte Lkw-Ladungen von dringend benötigten Lebensmitteln aus China, ohne daraus einen persönlichen Gewinn zu ziehen. Sie war eine Ausnahmeerscheinung und allein das machte sie verdächtig. Andererseits wurde sie von der Regierung geduldet, denn sie war die Einzige, die große Warenlieferungen von unterschiedlichen Lieferanten besorgen konnte. Der Regierung galt sie als unerwarteter Glücksfall für die Menschen in Nordkorea.

Aber Esther brachte nicht nur Investoren ins Land. Neben all den anderen Warenlieferungen hatte sie immer Dinge mit, die sie selbst verschenkte und von denen sie wusste, dass sie dringend gebraucht wurden: Reis, Zucker und Mehl. Natürlich hätte sie auch gern Bibeln ins Land geschmuggelt. Aber sie hatte von Anfang an eine Entscheidung getroffen: Sie würde nur völlig legal einreisen.

Oft hatte sie ein Schwein dabei, das am ersten oder zweiten Abend in Nordkorea gebraten wurde. Die Menschen rochen den Duft des Fleisches, kamen aus dem weiten Umkreis und klopften an die Tür. Sie gaben vor, sie wollten Fleisch kaufen, aber jeder wusste, dass niemand Geld hatte, und alle hofften, etwas umsonst zu bekommen. Anscheinend hungerte die gesamte Bevölkerung in Nordkorea und wollte nur einmal wieder ein kleines Stückchen Fleisch auf dem Teller haben.

Egal, wer anklopfte – Esther sorgte dafür, dass jeder wenigstens irgendetwas bekam. Sie verteilte Fleisch, Reis, Suppe und was sie sonst noch aus China mitgebracht hatte. Es war der erste Schritt, um ihre Arbeit unter den Nordkoreanern aufzubauen. Unter den Dorfbewohnern war Esther rasch überall bekannt. Vom Ältesten bis zum Jüngsten – alle kamen sie, um ein wenig Nahrung von Esther zu erhalten. Viele von ihnen hatten erschütternde Geschichten zu erzählen. Die meisten handelten davon, dass man fast verhungerte, dass Menschen ein ganzes Jahr lang keinerlei Proteine gegessen hatten, bis auf vielleicht ein einziges Ei.

Esthers Freigiebigkeit ließ die Menschen bald begreifen, dass sie Esther wirklich am Herzen lagen, und sie begannen ihr zu vertrauen. Esther konnte langsam beginnen, ihnen vom Evangelium zu erzählen.

Die Schwester aus China

Unter denen, die öfters kamen, gab es eine Frau, die Gitarre spielen konnte und sang. Aber sie hatte Tuberkulose und war stark unterernährt, weil es einfach nicht genug zu essen gab. Zu alledem schlug ihr Mann sie täglich. Als Esther sie kennenlernte, war sie nur noch Haut und Knochen. Ihre Augen waren trübe und sie sah aus, als würde sie jeden Moment einschlafen und nicht mehr aufwachen.

Esther konnte nicht glauben, dass diese Frau die Schläge ihres Mannes noch ein einziges Mal überleben würde. Sie gab ihr Fleisch und Reissuppe und die Frau aß unter

Tränen. Mit jedem Bissen, den sie schluckte, schien ihre Kraft zurückzukommen. Mit Tränen in den Augen sah sie Esther an.

„Vielen, vielen Dank für dieses Essen", sagte sie. „Es ist sehr lange her, dass ich zuletzt Fleisch gegessen habe." Sie sah zu Boden und versuchte sich an dieses letzte Mal zu erinnern. „Einmal hatte ich solches Verlangen nach Fleisch, dass ich einen Ledergürtel gekocht habe, den ich auf der Straße gefunden hatte."

Ein paar Tage später war die Frau wieder da. Sie brachte ihren Mann und ihren neunzehnjährigen Sohn mit. Beide waren ebenso ausgezehrt wie sie, also bot Esther ihnen von der Reissuppe an. Der Mann war sehr reserviert und nahm nur zögernd an, was sie ihm reichte, aber er wollte auch überleben und konnte Essen, das man ihm umsonst anbot, nicht ablehnen. Nachdem er gegessen hatte, wurde er zugänglicher und begann zu reden.

Esther fiel es leicht, sich mit ihm zu unterhalten. Er habe einen Abschluss an der Universität in Pjöngjang gemacht, einer der angesehensten Hochschulen in Nordkorea, berichtete er. Esther stellte fest, dass sie gut über gemeinsame Interessen reden konnten.

Nach einem langen Gespräch ergab sich eine Gelegenheit, das Evangelium ins Spiel zu bringen. Sobald Esther den Namen Jesus erwähnte, verstummte ihr Gesprächspartner und hörte ihr sehr aufmerksam zu. Er schien jedes Wort aufzusaugen, das Esther über diesen ihm völlig unbekannten Jesus sagte. Die drei gingen an diesem Abend spät und Esther sah sie eine Weile nicht mehr.

Eines Tages war sie gerade auf dem Heimweg zu ihrer Unterkunft, als jemand ihren Namen rief. Sie blickte sich um und sah die Sängerin mit der Tuberkulose. Esther blieb stehen und die Frau rannte förmlich auf sie zu und – was Esther in Nordkorea noch nie jemanden hatte tun sehen – schlang die Arme um Esthers Hals.

„Meine Schwester aus China!", rief sie aus. „Ich habe nicht gedacht, dass ich dich noch einmal sehe! Wie gut, dich wiederzusehen." Esther war fast erschrocken, dass diese Frau in aller Öffentlichkeit ihre Verbundenheit zum Ausdruck brachte.

„Ja, ich freue mich auch, dich zu sehen", erwiderte sie. „Wie steht es zwischen dir und deinem Mann?"

„Oh, danke. Es könnte nicht besser sein. Ich weiß nicht, was passiert ist. Immer hat er mich geschlagen und auch unserem Sohn das Leben schwer gemacht. Aber jetzt ist er ein neuer Mensch. Er behandelt mich besser als je. Es ist, als hätte das, was du an dem Abend damals mit ihm gesprochen hast, ihn völlig verwandelt. Ich kann es noch immer kaum fassen, wie viel besser mein Leben jetzt ist."

Esther freute sich mit ihr. „Das ist erst der Anfang", lächelte sie. „Und es wird noch besser werden", sagte sie und wies zum Himmel, um anzudeuten, dass Gott für diese Frau und ihren Mann noch mehr Gutes bereithielt.

13

Aufstand gegen
die falschen Götter

Wer in Nordkorea lebt, ist ständig auf den Beinen. Nur die Reichen können sich ein Fahrrad leisten – und die Räder werden rasch gestohlen. Allein unterwegs zu sein, war aber gefährlich, und Esther war immer nur in Begleitung unterwegs. Die vielen gemeinsamen Wege gaben ihr Gelegenheit, ihren Begleitern weiter vom Evangelium zu erzählen. Die verlassenen Landstraßen boten den perfekten Rahmen, um von Christus zu sprechen – er selbst hatte es ja auf den staubigen Wegen Judäas mit seinen Jüngern auch nicht viel anders gemacht.

Eines Tages war sie wieder einmal mit einer Gruppe von etwa fünf Menschen unterwegs, die sie inzwischen näher kannte, und betete leise wegen all der Götzenbilder, die sie überall umgaben. Im ganzen Land sieht man überlebensgroße Bilder und Propagandaplakate von Kim Il-sung und Kim Jong-il. Statuen und Spruchbänder mit Parolen sind allgegenwärtig. Und alle verlangen göttliche

Verehrung für den „Großen Führer" Kim Il-sung und den „Geliebter Führer" Kim Jong-il.

Wohin sie auch ging, überall war Esther von dieser Menschenvergötterung umgeben. Ihre Begleiter wollten wissen, was sie da murmelte, und so redete Esther über die Macht des Gebets. Alle hörten gebannt zu. Nach einer Weile blieb Esther mit der kleinen Gruppe am Straßenrand stehen. Sie standen im Schlamm und in tiefen Pfützen, denn es hatte gerade geregnet. Aber niemand schien das zu stören. Sie standen einfach dort im knöcheltiefen Matsch und Esther führte sie zu Jesus.

Ein anderes Gebet, das Esther oft auf ihren Wanderungen auf den Lippen hatte, war die Bitte um Vergebung dafür, dass sie die Nordkoreaner so lange nicht verstanden hatte. Endlich hatte sie erkannt, dass dieses Verständnis unmöglich aus ihrer eigenen Kraft und Weisheit erwachsen konnte. Sie schämte sich, wie wenig sie noch immer begriff, obwohl sie nun schon so lange diese Arbeit tat. Manchmal hatte sie den Eindruck, der Böse würde sie verschlingen – als würde sie von allen Seiten angegriffen. Aber dieses Empfinden hatte sie immer dann, wenn sich irgendwo eine neue Tür auftat, eine neue Gelegenheit bot. Sie erinnerte sich daran, dass der Widersacher häufig dann angreift, wenn Gott deutlich am Werk ist.

Es ergaben sich weitere Geschäftskontakte für sie, Firmen, die sie gern als Repräsentantin für eine Niederlassung in Nordkorea gewinnen wollten. Ihre neuen Partner waren begeistert, in ihr eine solch einsatzfreudige und landeskundige Vertreterin in dem ihnen so unverständlichen Land zu haben. Für die meisten Firmen war Nordkorea ein schwarzer Fleck auf der Landkarte. Niemand wusste genau, was in dem Land vor sich ging, wie man vorgehen musste oder wie sich dort Geld verdienen ließ. Esther war für sie alle eine unschätzbar wertvolle Mitarbeiterin, denn sie wusste mehr als sie alle.

Sie wollte vor allem mit Firmen zusammenarbeiten, die Nahrungsmittel produzierten. So würde sie einerseits Geld verdienen und andererseits Lebensmittel für ihre Freunde in Nordkorea beschaffen können. Nach einiger Zeit bekam sie Kontakt zu einem Nudelhersteller und erhielt eine Nudelmaschine, die sie nach Nordkorea mitnehmen sollte.

Esther brachte die Maschine über die Grenze und demonstrierte, wie man sie benutzte. Auch in Nordkorea hatte man immer wieder versucht, Nudeln herzustellen, aber in den elenden Verhältnissen rosteten die Maschinen, gingen kaputt und es war unmöglich, sie instand zu setzen. Die Menschen mussten oft meilenweit laufen, um Nudeln zu kaufen, denn es gab kaum noch jemanden, der sie herstellen konnte.

Die Maisernte war regelmäßig kümmerlich, und was dann geerntet wurde, taugte nicht zur Herstellung der meisten Maisprodukte. Der „Geliebte Führer" Kim Jong-il hatte keine Ahnung von Landwirtschaft, zwang den Bauern aber seine Gesetze und Vorschriften auf. Seine Worte und Ansichten galten als unfehlbar. Wenn er den Bauern vorschrieb, wie sie zu wirtschaften hatten, mussten sie seine Vorgaben buchstabengetreu erfüllen. Das Ergebnis war katastrophal. Die einfachsten Getreidearten, die man hier seit Generationen anbaute, erbrachten keinerlei Ertrag mehr, weil Kim Jong-il so katastrophale Vorgaben erließ.

Aber Nudeln lassen sich auch aus den gröberen Teilen

der Maispflanze herstellen. Um das umzusetzen, musste Esther den Menschen erst einmal zeigen, wie sie alle Teile der Maispflanze ebenso nutzen konnten wie den Maiskolben. Mit der vorhandenen Maschine war das schwer, aber nicht unmöglich. Esther gewann einen Mechaniker aus China dafür, sie zu begleiten und den Menschen zu zeigen, wie man die Maschine so bediente, dass sie eine möglichst lange Lebensdauer hatte. Die Nudelmaschine war ein voller Erfolg. Jedermann liebte sie und eine Menge Mais, der vorher nicht verwertbar gewesen war, konnte jetzt zu Nahrung verarbeitet werden.

Sich beugen oder sterben?

Die offiziellen Stellen bekamen bald Wind von dem Wirbel um die Nudelmaschine. Selbst der örtliche Parteisekretär hörte davon und kam, um sich das Wunderwerk anzusehen. Er war beeindruckt von der Produktivität, die Esther in diesen Landstrich gebracht hatte, und lud sie zu einem offiziellen Dinner im chinesischen Konsulat ein, bei dem viele bekannte Vertreter Nordkoreas und Chinas anwesend sein würden. Esther lehnte höflich ab, aber der Parteisekretär bestand auf seiner Einladung. Er sandte ihr sogar einen Regierungswagen, um sie abzuholen. Das war eine große Ehre; sie abzulehnen wäre eine politische Katastrophe gewesen.

„Esther, Sie haben ein paar große Dinge für das Land getan", sagte der Parteisekretär. Die ganze Fahrt über äußerte er eine Anerkennung nach der anderen und der Fahrer sah sie im Rückspiegel an, sooft er konnte. Er war ganz offensichtlich stolz darauf, eine so anerkannte Persönlichkeit fahren zu dürfen, die so viel dafür getan hatte, das Leben der Menschen in Nordkorea zu verbessern.

„Herr, gib mir Weisheit", betete sie im Stillen. „Ohne dich kann ich nichts tun."

Esther war sich nicht sicher, worauf sie sich einstellen musste und wem sie begegnen würde. Ihr wurde schmerzhaft bewusst: Öffentliche Anerkennung führte unter Umständen sehr rasch dazu, dass sie den einfachen Menschen auf der Straße nicht mehr dienen konnte, denn man würde sie von offizieller Seite schärfer beobachten.

Nach einer längeren Fahrt erreichten sie eine Bronzestatue von Kim Il-sung. Der Fahrer hielt und alle stiegen aus. Es war vorgeschrieben, dass alle Staatsbediensteten der Statue des verstorbenen Herrschers Respekt erwiesen und sich davor verneigten.

Esther betete inbrünstig. Sie wusste, dass dieser kurze Moment das Ende ihrer Zeit in Nordkorea bedeuten konnte. Wenn sie sich weigerte, sich vor dem „Großen Führer" zu verneigen, konnte man sie sofort aus dem Land weisen oder sie sogar verhaften. Die Einheimischen konnten sogar mit dem Tod bestraft werden, wenn sie der Statue des „Großen Führers" ihre Ehrerbietung versagten.

Sie schritten gemeinsam auf die Statue zu und Esther wusste noch immer nicht, wie sie sich verhalten sollte. Alle Anwesenden stellten sich Seite an Seite auf. Gleich würde die Zeremonie beginnen.

„Herr, was soll ich tun?", flehte Esther stumm. Dann spürte sie plötzlich eine ungeahnte Kühnheit in sich aufsteigen und sie begann, im Stillen ganz anders zu beten.

„Kim Il-sung, du bist nicht der König aller Könige. Du bist nicht der Herr aller Herren. Du bist ein schrecklicher, tyrannischer Herrscher und im Namen dessen, der über alle Namen ist, gebiete ich dir: Stürze um und verschwinde!"

Alle verneigten sich einträchtig – alle außer Esther. Sie stand hoch aufgerichtet da, den Blick auf die Bronzestatue gerichtet. „Fall nieder und beuge dich vor dem einen wahren König aller Könige."

Die Statue stürzte nicht zu Boden, aber ihre Macht über Esther war gebrochen. Niemand hatte bemerkt, dass sie sich nicht verneigt hatte, denn alle hatten bei ihrer Verbeugung die Augen geschlossen. Aber als die Verbeugung mehrmals wiederholt wurde, fiel einigen doch auf, dass Esther immer noch ganz aufrecht dastand.

„Lehrerin", sprach ein Parteifunktionär sie an (das war in der koreanischen Kultur eine Ehrenbezeichnung). „Warum verneigst du dich nicht, wenn wir hier zusammenkommen und zu unserem ‚Großen Führer' beten?"

„Oh, bitte, verstehen Sie das", begann Esther langsam. „Ich bin es nicht gewohnt, andere zu grüßen, indem ich mich verneige. Und ist das hier schließlich nicht nur eine Statue? Es ist ja nicht der ‚Große Führer' selbst. Er hat sie auch nicht selbst gemacht; sondern irgendjemand hat diese Figur angefertigt, um an den ‚Großen Führer' zu erinnern. Diese Statue kann nicht erkennen, dass ich hier bin, um ihr meinen Respekt zu erweisen. Wenn ich den ‚Großen Führer' wirklich ehren wollte, wäre es dann nicht besser, ich würde etwas Konkretes für ihn und für sein Volk tun? Was wäre besser für euch, den Lehren eures Führers zu folgen und einander zu helfen oder herzukommen und euch vor einer Statue zu verneigen, die nichts tun kann – weder für euch, für euer Volk noch für euren Führer?"

Die Umstehenden ließen sich ihre Worte einen Augenblick durch den Kopf gehen. Niemand antwortete. Von diesem Tag an erwartete nie wieder jemand von ihr, dass sie sich vor der Statue verneigte.

Die Ernte ist groß

Nach nur wenigen Besuchen in Nordkorea drängte es Esther immer mehr, so vielen Menschen wie nur irgend möglich das Evangelium weiterzugeben. Aber sie war sich nicht sicher, wie sie in einem so abgeschotteten Land eine größere Zuhörerschaft erreichen konnte. Wo sie auch hinsah, litten die Menschen, sie waren verängstigt und suchten nach einem Ausweg aus ihrem Elend. Sie waren wie Menschen, die mitten in einem Orkan auf Rettung warten.

Esther sann über ihr Dilemma nach und es wurde ihr bald klar, dass ihr früherer Dienst an den Flüchtlingen in China eigentlich die perfekte Grundlage für ihre evangelistischen Bemühungen in Nordkorea gelegt hatte. Viele von denen, die in ihrem Haus zum Glauben gekommen waren, waren inzwischen zurückgekehrt und hatten Hilfe für ihre Familien gebracht. Diese Menschen wurden jetzt Esthers Augen und Ohren, wenn sie wissen wollte, wann und wo sie das Evangelium weitergeben konnte. Diese Menschen bildeten bald ein Netzwerk von vertrauenswürdigen und zuverlässigen Christen, die ganz schlicht annahmen, was Esther sie aus der Bibel lehrte, und es in die Tat umsetzten. Auf ihren Rat hin besuchte Esther das eine oder andere Haus im Dunkel der Nacht, wenn ihre Schüler im Glauben ihr versicherten, dass hier Menschen lebten, die reif waren für das Evangelium.

Am ersten Abend, nachdem sie beschlossen hatte, mit der Verkündigung des Evangeliums offensiver zu sein, machte sie sich auf den Weg, als die meisten anderen bereits schliefen. Es gab keine Straßenbeleuchtung und sie fürchtete sich zunächst ein wenig. Andererseits verbarg die Dunkelheit sie umso besser. Die Familien, die sie besuchte, erwarteten sie bereits. Es war einfach sicherer, sich nachts in der Abgeschlossenheit eines Privathauses zu treffen, wo niemand sie belauschen würde.

Von da an weitete Esther ihre Besuche in den Häusern aus. Manchmal verbrachte sie die ganze Nacht mit Predigen. Nicht viele Menschen besaßen Lampen. Meist rissen die Leute ein Stück Stoff von den Decken ab, die Esther aus China mitgebracht hatte, drehten es zu einer Art Docht zusammen, den sie in Speiseöl tauchten und anzündeten, um ein wenig Licht zu haben.

„Von mir könnt ihr nichts erwarten", sagte Esther mehr als einmal. „Ich bin nicht imstande, irgendjemandem zu helfen. Ich kann eure Probleme nicht für euch lösen. Ich habe auch nicht die Antwort auf alle Fragen. Aber ich kenne den, der die Antwort ist – Jesus, der lebendige Gott. Er ist nicht tot wie euer früherer Führer Kim Il-sung."

Den Menschen im Raum stockte der Atem bei dem Gedanken, dass ihr „Großer Führer" tot war. In Nordkorea verbreitete man die Botschaft, Kim Il-sung sei nicht tot, sondern er sei der ewig lebende Führer des koreanischen Volkes. Wenn ein Koreaner starb, würde er seinen „Großen Führer" wiedersehen. In Esthers Ohren klang das mehr nach der leibhaftigen Hölle als nach irgendetwas Himmlischem. Sie vermied es sorgfältig, politische Themen anzusprechen, aber wenn es nötig war, zögerte sie nicht, sehr deutlich zu sagen, dass Jesus und nicht den koreanischen Führern Göttlichkeit zukam.

„Der lebendige Gott kann euch anrühren, wo ihr es am meisten braucht. Er kann eure gebrochenen Herzen heilen. Ihr müsst ihn nur darum bitten. Nur er, der einzig wahre Gott, kann euch ewiges Leben schenken. Und nur so werdet ihr vor der ewigen Verlorenheit gerettet. Ich habe keine materiellen Güter, die ich euch geben könnte. Aber wenn ihr euch an den lebendigen Gott wendet, kann er euch alles geben, was ihr braucht."

Eine solche Botschaft hatte hier noch nie jemand gehört. Die Menschen waren beeindruckt von Esthers Leidenschaft und Mut. Sie waren fasziniert davon, dass eine Frau kühn genug war, sich den Gesetzen von Kim Jong-il zu widersetzen und eine Lehre zu verkünden, die der Parteilinie entschieden widersprach.

„Nehmt die Worte von Jesus Christus an. Sie können euch Leben und Freude schenken. Wenn ihr ihn heute in euer Herz aufnehmt, werdet ihr den Himmel schmecken – selbst hier, in Nordkorea. Ihr könnt die Freude finden, heute, hier. Ihr müsst nicht warten, bis ihr sterbt, um Frieden im Herzen zu erfahren. Ihr könnt ihn heute erleben, hier, an diesem Ort."

Manchmal wurden ihre Worte angenommen und Menschen flehten Gott um Rettung an. Oft wurden sie auch abgelehnt. Esther betete immer darum, dass sie in der Kraft des Heiligen Geistes redete und dass nicht ihre Stimme, sondern die des Geistes selbst bei den Menschen ankam.

Immer wieder musste sie an die Worte von Jesus denken: „Die Ernte ist groß, doch es sind nur wenig Arbeiter da" (Matthäus 9,37). So viele Menschen in Nordkorea hungerten nicht nur nach körperlicher, sondern auch nach geistlicher Nahrung. Aber es gab nicht viele, die bereit waren, trotz der großen Gefahr für das eigene Leben in diesem Land das Wort Gottes weiterzugeben.

Esther fühlte sich oft sehr allein. Sie kannte nicht einen einzigen Menschen, der in Nordkorea das Evangelium predigte. Wenn sie nachts von Tür zu Tür ging, traf sie zahllose Menschen, die noch nie etwas vom christlichen Glauben gehört hatten. Als sie sich bei den wenigen ausländischen Hilfswerken umhörte, die überhaupt noch im Land tätig waren, traf sie auf Christen, die Angst hatten, von ihrem Glauben offen zu reden. Esther spürte: Um sie her ertranken die Menschen und niemand war bereit, ihnen den Rettungsring zuzuwerfen, den sie brauchten – das Evangelium. Sie schrie zu Gott: „Bin ich denn die Einzige hier, die dir dient? Ich fühle mich völlig allein. Warum hast du mich ganz allein in diese Situation gestellt? Warum bin ich die Einzige in Nordkorea, die deinen Willen tun will?"

Da erinnerte sie sich an die Worte, die Gott zu Elia sagte, als der sich selbst leidtat, nachdem er vor Königin Isebel geflohen war: „Aber ich habe 7 000 in Israel übrig gelassen, alle die Knie, die sich nicht vor dem Baal gebeugt haben" (1. Könige 19,18).

Die Zahl der Menschen, die Jesus als ihren Herrn und Erlöser annahmen, wuchs mit jeder Nacht. Esther war erschöpft, aber auch begeistert; sie war zu begeistert, um ihre Predigtbesuche aufzugeben. Es war ein ungeheures Privileg, dass sie die Gelegenheit hatte, in einem der verschlossensten Länder der Welt das Evangelium weiterzugeben. Immer, wenn in einer Region eine bestimmte Anzahl Menschen zu Jesus gefunden hatte, besuchte sie diese regelmäßig zu Hause und führte sie tiefer in den Glauben ein.

Manche von diesen Neubekehrten überquerten illegal die Grenze nach China, wenn Esther zu Hause in Shenyang war, und ließen sich dort von ihr weiter unterrichten. Auf dem Rückweg schmuggelten sie dringend benötigte Dinge über die Grenze. Sehr oft brachten sie Bibeln nach Nordkorea, wo die Nachfrage danach mit der wachsenden Zahl der Christen stieg.

Wer in Nordkorea an eine Bibel kam, vergrub sie häufig, damit sie nicht entdeckt wurde. Wenn man sich unbeobachtet wusste, wurde die Bibel ausgegraben, gelesen und anschließend wieder vergraben. Bibeln wurden oft in Einzelteile zerrissen und an unterschiedlichen Orten vergraben, um das Risiko zu verringern, dass man das ganze Wort Gottes verlor, wenn es entdeckt wurde. Unter den neuen Gläubigen in Nordkorea war der Hunger nach dem Wort Gottes riesengroß.

14

Das großzügige Evangelium in einem abgeschotteten Land

Überall im Land gab es Spitzel, die gezielt auf solche Aktivitäten angesetzt waren, wie Esther sie betrieb. Sie musste extrem vorsichtig sein, aber sie setzte ihre abendlichen Einsätze dennoch fort. Manchmal zeigte sie jemand bei den Behörden an, aber diese Leute wussten nicht genau, wer sie war, woher sie kam, wo sie wohnte oder sonst irgendwelche Einzelheiten. Da sie aus dem koreanisch geprägten Landstrich in China kam, sprach sie mit demselben Akzent wie die Menschen, die sie erreichen wollte, und fiel in Nordkorea nicht sofort auf. Da sie sich meist in der Dunkelheit zu ihren Besuchen aufmachte, konnten die Denunzianten der Polizei nicht beschreiben, wie sie aussah.

Esther musste sich vorsehen, tagsüber und in der Öffentlichkeit nicht allzu großzügig zu sein oder ihre Hilfsgüter allgemein sichtbar zu verteilen. Sonst würde sie sich unweigerlich verraten. Die Polizei suchte sie bereits, die würde sofort erkennen, dass es Esther war, die nachts durch die Häuser zog und evangelisierte. Wenn Kinder sie anbettelten, fühlte sie sich gedrängt, ihnen ein wenig Geld zu geben, aber auch das konnte sie nur im Verborgenen tun. Sonst würde die Polizei es sowieso konfiszieren. Immer wieder musste sie sich selbst ermahnen: Wenn sie irgendetwas für die Menschen in Nordkorea bewirken wollte, war es immer am besten, im Verborgenen zu handeln, wo niemand sie beobachtete.

Eines Tages ging Esther über einen Markt und bemerkte einen kleinen Jungen, der offensichtlich hungerte. In seiner Nähe kaufte ein Mann an einem der Straßenstände eine Schale heißer Nudeln. Als er sich darüberbeugte, um erst einmal den Geruch zu schnuppern, rannte der Junge vorbei und schnappte sich eine Handvoll Nudeln direkt aus der Schale.

Der Junge wusste, dass er nicht ungeschoren davonkommen würde. Man würde ihm auch die Nudeln wieder abnehmen, wenn er sie nicht sofort verschlang. Er stopfte sich also die Handvoll Essen in den Mund. Der Mann packte den Jungen, hielt ihm mit einer Hand im Griff und schlug ihm mit der anderen ins Gesicht. Der Schlag riss dem Jungen den Kopf zurück und das Blut spritzte nur so. Aber niemand nahm von dem Vorfall Notiz.

In einer anderen Ecke des Marktes hockte eine Frau im Straßenstaub und verkaufte Popcorn. Esther sah sie, aber sie war innerlich noch so beschäftigt mit dem Jungen, der um den Preis einer blutigen Nase eine Handvoll Nudeln im Magen hatte. Die Frau sah so erbärmlich aus, dass Esther ihr eine Portion Popcorn abkaufte und ihr mehr Geld gab, als das Popcorn kostete. Sie versuchte das möglichst unauffällig zu tun. Aber die nichts ahnende Frau hielt den

Geldschein auffällig ins Licht, um zu sehen, wie viel es war. Esther wedelte mit der Hand, sie solle ihn wegstecken, aber die Frau dachte, Esther wolle sie vielleicht hereinlegen, und wollte sichergehen, dass sie kein Falschgeld bekommen hatte.

Als sie sah, wie viel sie bekommen hatte, posaunte sie ihr Glück lautstark hinaus. Aber die Freude war von kurzer Dauer. Esther hatte ihr kaum den Rücken gekehrt, als eine andere Frau herbeilief und der Popcornverkäuferin den Schein aus den Händen riss, bevor sie eine Chance hatte, ihn einzustecken. Ein Tumult entstand.

Die Verzweiflung hatte aus normalen Menschen Tiere gemacht. Die offizielle Doktrin in Nordkorea besagte, dass der Mensch vom Affen abstammte und nur so viel wert war, wie er produzieren konnte. Wer nichts mehr schaffte, war wertlos. Die Alten und Behinderten galten als Belastung für die Gesellschaft. Kinder waren so viel wert wie ihre künftige Produktivität. Der Kommunismus war Staatsreligion, der „Große Führer" sein Gott. Alles in Nordkorea schien unaufhaltsam dem Zerfall entgegenzugehen – eine Folge dieser Menschenvergötzung.

Esther sah sehr deutlich, dass die geistliche Nacht, unter der das Land lag, zu immer mehr Krankheiten, Armut und Leid führte. Weit verbreitet waren Lungenkrankheiten. Der Hunger war allgegenwärtig. Familien waren gezwungen, die eigenen Kinder auszusetzen, zu verkaufen oder gar zu essen, wenn sie überleben wollten. Esther war selbst Mutter, und was die Menschen ihr Nacht für Nacht von ihren Kindern erzählten, konnte sie manchmal kaum anhören. In anderen Nächten wachte sie dann aus Albträumen aus und schrie zu Gott um Rettung für die Menschen in Nordkorea. Unerschütterlich hielt sie an dem Glauben fest, dass Gott ihre Gebete durch ein machtvolles Eingreifen beantworten würde.

Das Risiko wächst

Durch Esthers unermüdlichen Einsatz fanden immer mehr Menschen zum Glauben an Jesus. Aber ihr war durchaus bewusst: Je mehr Menschen zum Glauben kamen, umso ungeschützter war sie selbst. Es wurde immer schwieriger zu erkennen, ob jemand aufrichtig Jesus angenommen hatte oder nur vorgab, es zu tun, um sie in eine Falle zu locken. Sie konnte sich nur auf Gott verlassen und glauben, dass er sie schützen werde. Ihre nordkoreanischen Freunde warnten sie, sie müsse vorsichtiger sein, und Esther beachtete die Warnung. Sie verließ sich ganz auf die Freunde, wenn es darum ging, wem sie trauen konnte und wem nicht. Ihr Leben lag in den Händen dieser Christen.

Ihr wichtigstes Ziel war es, möglichst viele Menschen mit dem Evangelium zu erreichen. Je mehr Menschen zum Glauben fanden, umso mehr würden lernen, einander mit Liebe zu begegnen und selbst das Evangelium weiterzugeben.

Inzwischen war die Zahl der neuen Christen so groß, dass Esther nicht mehr alle besuchen und tiefer in den Glauben einführen konnte. Selbst wenn sie jede Nacht mehrere Besuche machte, konnte sie nicht mal einmal im Monat alle ihre Glaubensschüler besuchen. Und sie konnte auch nicht das tun, was sich logischerweise angeboten hätte: alle zusammenzurufen. Eine solche Versammlung wäre für alle Beteiligten tödlich gewesen. Immer wieder „verschwanden" Familien einfach von der Bildfläche, wenn man sie irgendeines Vergehens beschuldigte. Manchmal benutzten die Behörden Verdächtige, um ein Exempel zu statuieren, eine Lektion für die Öffentlichkeit. Andere „verschwanden" einfach und man hörte nie wieder etwas von ihnen.

Die Neubekehrten hatten viele Fragen zum Leben mit Jesus. „Lehrerin, du sagst, wir sollen den Zehnten von allem geben, was wir haben. Das sagst du doch, oder?"

„Richtig", antwortete Esther. „Die Bibel sagt, wir geben Gott die Ehre, wenn wir von allem, was wir haben, zehn Prozent abgeben."

„Aber wir haben doch kaum etwas. Wir können ja selbst kaum überleben. Sollten wir nicht warten, bis wir selbst einen Lebensunterhalt haben, bevor wir etwas abgeben? Das meiste, was wir verdienen, nimmt uns die Regierung ohnehin wieder ab. Gilt diese Regel dann auch für uns?"

„Ja, sie gilt", erklärte Esther mit Nachdruck. „Gott braucht euer Geld nicht. Er hat euren Zehnten nicht nötig. Aber ihr habt es nötig, diesen Anteil zu geben. Armut ist kein Grund, das nicht zu tun. Wir sind Kinder Gottes und können nicht zulassen, dass uns die Dinge dieser Welt bestimmen. Wir müssen uns ganz und gar Gott überlassen, mit allem, was wir haben, und darauf vertrauen, dass er uns mit allem versorgen wird, was wir brauchen. Er wird es tun, so wie es seiner Herrlichkeit und Fülle entspricht."

„Aber wem sollen wir diesen Zehnten geben, Lehrerin?

Wir haben ja keine Gemeinde, der wir das Geld geben könnten. Sollen wir es dir geben?"

Die Frage war nicht so einfach zu beantworten. Esther wollte selbst kein Geld anrühren. Sie fürchtete die Gerüchte, die entstehen und die Kraft ihrer Botschaft beeinträchtigen könnten. Es gab so viele Diebe und Betrüger in Nordkorea. Sie wollte nicht als jemand gelten, der den Armen das Geld aus der Tasche stahl.

„Wenn ihr euch trefft, dann sammelt den Zehnten ein – wenn ich zu euch komme, aber auch wenn ihr euch ohne mich trefft. Verteilt das Geld, das zusammenkommt, unter den Armen auf den Straßen. Nehmt es, um den Ärmsten zu helfen. Kauft etwas zu essen für die, die am schlechtesten dran sind, oder bezahlt die Krankenhausrechnung für einen Mitchristen. Denkt an denjenigen unter euren Bekannten, der am wenigsten hat oder in den schlimmsten Umständen lebt, und wenn es euer Feind ist – nehmt das gesammelte Geld und seid ein Segen für diesen Menschen."

Mit Menschen zu teilen, denen es noch schlechter geht als einem selbst, oder gar Geld zu verschenken, das ergibt für Nordkoreaner zunächst einmal keinen Sinn. Nirgendwo im Land tut man so etwas. Allenfalls bringt man dem „Großen Führer" Geschenke. Für Esthers Glaubensschüler war es ein völlig neuer Gedanke, anderen zu helfen. Sie mussten sich wirklich überwinden. Aber wenn es zunächst auch völlig ungewohnt war, so spürten sie doch, dass irgendetwas daran richtig war.

„Ihr seid jetzt Kinder Gottes. Ihr könnt nicht mehr stehlen. Selbst wenn ihr verhungern solltet – ihr könnt keine Lebensmittel stehlen. Vertraut darauf, dass Gott für euch sorgt, ohne dass ihr sein Gebot übertreten müsst. Alle hier sind am Verhungern. Es geht euch allen gleich schlecht. Und eine gestohlene Schale Maismehl ist ohnehin nicht genug, um zu überleben. Wenn ihr verhungert, dann verhungert ihr. Aber es ist besser, als ein Mensch zu sterben, der ehrlich ist und seine Mitmenschen liebt, als als jemand, der seinen Mitmenschen das Essen stiehlt."

Esther setzte alles daran, dass die Menschen Bibeln bekamen. Aber sie fürchtete, man könnte sie erwischen und des Landes verweisen, bevor die Bücher verteilt waren. Jedem, der eine Bibel brauchte, ein Exemplar zu besorgen, war ein aussichtsloses Unterfangen.

Ihre Glaubensschüler vergruben die Bibeln nicht nur im Boden. Häufig versteckten sie sie in der Asche des Herdfeuers. Sie sammelten die Asche in einem feuerfesten Behälter, gruben dann ein Loch unter der Feuerstelle, das so tief war, dass die Hitze nicht dorthin durchdrang, legten die Bibel hinein und verteilten dann die Asche wieder darüber.

Wenn Esther nachts in die Häuser kam, wurde die Bibel ausgegraben. Dann betete man, sang leise und las einander aus der Bibel vor.

In einer Nacht konnte Esther immer nur wenige Menschen besuchen. Es gab einfach nicht genug Nächte und so begann sie, auch tagsüber Besuche zu machen. Wenn sie kam, wurden die Kinder nach draußen geschickt zum Spielen – und um die Eltern zu warnen, wenn jemand kam. So blieb Zeit genug zu verbergen, was im Haus vorging.

Gebetserhörungen

Nur bei den absolut vertrauenswürdigen Familien hielt Esther auch tagsüber Glaubensschulungen. Man stellte die Fenster mit Pappen oder anderen Objekten zu, damit niemand hineinsehen konnte. Außerdem wurden die Treffen im abgelegensten Raum des Hauses abgehalten, damit kein Geräusch nach draußen auf die Straße drang und etwa von Vorübergehenden aufgeschnappt wurde.

Esther erlebte, dass ihr Einsatz reiche Früchte trug. Zerstrittene Familien versöhnten sich, sterbenskranke Kinder wurden wunderbar geheilt. Jemand, der Tuberkulose hatte und bereits Blut spuckte, war sofort gesund, nachdem die versammelte Gemeinde über ihm gebetet hatte. Ein Kind, das sich häufig verletzte, weil es immer wieder Krämpfe hatte, wurde durch Gebet geheilt und hatte nie wieder einen einzigen Krampfanfall. Ein Haus nach dem anderen erlebte die Macht des lebendigen Gottes und unwiderlegbare Wunder ereigneten sich.

„Ihr habt Museen für eure Führer und betet ihre falschen Götter an. Aber jeden Tag sterben um euch herum die Menschen", predigte Esther leidenschaftlich. „Vor euch liegt eine Klippe. Ihr steht am Abgrund, der direkt in die Tiefen der Hölle führt. Seht euch um! Jeden Tag stürzen Menschen in diesen Abgrund. Sie gehen über den Rand der Klippe und stürzen in ihren Tod. Die Menschen sterben an Krankheiten, Hunger, Mord. Aber ihr betet immer noch zu den Bildern und Statuen derer, die euch in dieses Elend gestürzt haben. Doch es gibt Hoffnung. Es gibt eine Möglichkeit, euch zu ändern. Ihr könnt jetzt und hier eure Hände ausstrecken und Jesus annehmen. Er wartet nur darauf, euch zu empfangen. Er ist der Einzige, der euch retten kann.

Mein Vater im Himmel hat das ganze Universum in seinen Händen. Er hat euch geschaffen. Er hat jede Einzelheit an euch entworfen – jeden Einzelnen als sein Kind, das ihm lieb und kostbar ist. Er möchte euch lieben und mit der Liebe eines Vaters für euch sorgen."

Eines Nachts besuchte Esther die Familie einer Frau, die sie in China zum Glauben an Jesus geführt hatte. Die Tochter war einige Male bei ihr in China gewesen, um Nahrungsmittel zu beschaffen und in Esthers Haus die Bibel zu studieren. Als Esther sie dann in Nordkorea besuchte, berichteten Mutter und Tochter, dass sie gern Jesus folgen wollten, dass es aber unmöglich sei, in Nordkorea zu überleben, ohne zu lügen oder zu stehlen.

Esther verstand, was sie meinten, und erkannte auch, dass sie noch Säuglinge im Glauben waren. Aber sie sagte ihnen klipp und klar, dass ein Christ aufhören muss zu lügen, zu betrügen, zu stehlen, zu töten, die Ehe zu brechen oder auch nur an diese Dinge zu denken.

„Gott weiß, was ihr braucht. Er weiß, was euch fehlt. Er hat Wege, seinen Kindern das tägliche Brot zu geben, das sie zum Leben brauchen. Die Bibel sagt, wer anklopft, dem wird geöffnet. Bittet und ihr werdet empfangen. Ich verspreche euch: Gott wird euch nicht enttäuschen."

Einen Monat später besuchte Esther diese Familie wieder. Sie brachte Reis, Mehl und einige andere notwendige Dinge mit. Die Tochter öffnete die Tür und schlang spontan die Arme um Esthers Hals.

„Gott sei Dank, du bist da!", schluchzte sie. „Wir haben

seit zwei Tagen nichts gegessen. Wir haben überlegt, ein wenig Mais von unserem Nachbarn zu stehlen. Aber wir haben es nicht getan. Wir wussten nicht, was wir tun sollten, also haben wir gebetet. Seit zwei Tagen haben wir um Nahrung gebetet. Jetzt sehen wir, dass Gott unser Gebet erhört hat – durch dich."

Dies war nur ein Beispiel für den unfassbaren Glauben dieser neuen Christen. Die Untergrundgemeinden entwickelten sich vielversprechend. Esther schätzte, dass es mittlerweile etwa fünfundzwanzig solcher Gemeinden in dem Gebiet gab, in dem sie tätig war, die eine Schlüsselrolle übernehmen könnten, falls das Regime stürzte. Es war vielleicht ein allzu hochfliegender Gedanke, aber Esther war sich sicher, dass diese fünfundzwanzig Untergrund-Hausgemeinden wie Anker waren, als Fundament für die Zukunft in den Boden dieses Landes gesenkt, das verzweifelt einen Neuanfang brauchte.

15

Papiertiger

Eines Tages lud die Bezirksregierung des Ortes, in dem Esther während ihrer Reisen nach Nordkorea oft Unterkunft fand, sie zu einer Befragung vor. Sie wurde gefragt, was sie in Nordkorea tat, warum sie im Land war und warum sie immer wieder einreiste. Zuerst waren ihre häufigen Besuche im Land willkommen gewesen, aber nun schien es, als hätten die örtlichen Behörden Verdacht geschöpft. Man ließ sie in ihr Quartier zurückkehren, aber von da an wurde sie unter den verschiedensten Vorwänden vorgeladen und verbrachte endlos viel Zeit damit, immer wieder dieselben Fragen zu beantworten, die sie bereits beantwortete, wenn sie die Grenze passierte.

Bei jeder Vorladung verlangte man Geld und Lebensmittel von ihr. Die Verhöre wurden immer intensiver. Esther wusste jetzt, dass sie auf Schritt und Tritt beobachtet wurde. Unter dem zunehmenden Druck entwickelte Esther ebenso viel Argwohn gegenüber den Behörden wie diese ihr gegenüber.

Irgendwie war es den Behörden gelungen, alle fünfundzwanzig Familien ausfindig zu machen, die Esther regelmäßig besuchte und die sie als die strategische Zukunftsbasis einer künftigen Kirche in Nordkorea ansah. Alle wurden eingehend verhört. Alle beteuerten ihre Unschuld. Nur drei Männer aus diesen Familien bekannten sich mutig zu ihrem Glauben an Christus.

„Sie hat uns beten gelehrt"

Der Mut und die Standfestigkeit dieser Männer schockierten die gesamte Gemeinschaft. Noch nie hatte jemand vor offiziellen Stellen ein so entschiedenes Glaubensbekenntnis abgelegt. Alle drei wurden aus ihren Häusern gezerrt, der gesamten Nachbarschaft vorgeführt, geschlagen und ins Gefängnis gesteckt. Man folterte alle, bis sie weitere Informationen preisgaben.

Es war übliche Polizeipraxis, Verhaftete zu schlagen, bis sie redeten. Anschließend misshandelte man sie wieder – als Strafe dafür, dass sie wichtige Informationen vor den Behörden verheimlicht hatten. Meist führte das rasch zum Tod. Für Leute, die ihren Zweck erfüllt hatten, gab es in diesem System keine weitere Verwendung. Für die Staatsvertreter war ein einzelnes Leben wertlos. Sie machten ihren Job auch nicht aus einem Sinn für Gerechtigkeit oder Anstand, sondern nur, um ihre eigene Stellung in der Gesellschaft abzusichern.

Die Informationen, die die Polizei von den drei Festgenommenen bekam, führten zu weiteren Verhören. Die

Beamten gingen von Tür zu Tür und erschienen in allen Häusern, die Esther nachts besucht hatte.

Sie nahmen sich zuerst die Kinder vor, denn die ließen sich am leichtesten einschüchtern und zum Reden bringen. Im ersten Haus packte ein Polizist einen Fünfjährigen im Nacken.

„Du kleiner Zwerg, was weißt du von Jesus?", knurrte er. Das Kind rief nach seiner Mutter, aber die konnte nur entsetzt zusehen.

„Deine Mutter kann dir jetzt auch nicht helfen. Wer hat dir etwas von Jesus erzählt?" Das Kind machte sich vor Angst nass und der Urin lief auf den Boden und über den Arm des Polizisten. Der schleuderte das Kind gegen die Tür.

„Raus!", schrie er. „Geh mir aus den Augen, bevor ich dir den Hals umdrehe." Er marschierte in den Wohnraum und starrte auf die Mutter des Kindes herunter, die auf dem blanken Lehmboden des dunklen Raumes hockte.

„Was wollte diese Chinesin hier? War sie es, die hier von Jesus geredet hat? Gibt sie euch Geld, um euch zu bekehren? Ich will Antworten! Ich gehe nicht eher, als bis hier jemand den Mund aufmacht."

„Sie hat uns beten gelehrt", sagte der Familienvater leise. Der Polizist wirbelte herum und wandte sich dem Mann zu.

„Was sagst du da?"

„Ich sagte, sie hat uns beten gelehrt …" Der Mann wählte seine Worte mit Bedacht. Er wusste, dass es einem selten die Haut rettete, wenn man Informationen preisgab.

„Beten? Zu wem? Zu wem solltet ihr beten?"

„Sie hat gesagt, wir sollten um Nahrung beten. Wenn wir krank waren, hat sie uns gelehrt, um Gesundheit zu beten."

Der Polizist umklammerte seinen Knüppel mit beiden Händen und schwang ihn heftig in Richtung des Mannes. Er traf ihn am Hinterkopf und der Mann sank vor Schmerz in die Knie.

„Was? Und du hast diesen Lügen zugehört? Du hast zugelassen, dass deine Familie solche Lügenreden hört? Was für ein Mann bist du, he? Ein elender Feigling! Du bist kein Revolutionär für dieses Land. Du bist eine Schande für unseren geliebten ‚Großen Führer'."

Ein weiterer Polizist betrat den Raum.

„Dein Sohn sagt, diese Frau aus China habe euch beten gelehrt", bellte er. „Zu wem habt ihr gebetet?" Er hob den Knüppel und wartete auf die Antwort. „Zu wem?"

„Sie hat gesagt, wir sollten beten, wenn es uns schlecht geht", beharrte der Mann. „Und auch dann, wenn es uns gut geht. Diese Frau aus China hat gesagt, wir sollten unser Land nicht verlassen, sondern für dieses Land beten. Wir sollten uns in der Schule anstrengen, hart arbeiten und ehrlich sein. Sie hat gesagt, wir sollten nicht stehlen und nicht lügen."

„Und zu wem solltet ihr beten?", schrie der Polizist jetzt in äußerster Wut. Der Mann zögerte mit der Antwort, aber die Beamten waren bereit, ihn und seine Familie zusammenzuknüppeln, bis sie eine Antwort bekamen.

„Du wirst antworten", tobte der andere und schlug ihm den Knüppel in den Rücken.

„Jesus!", rief der Mann, vom Schlag benommen. „Sie hat gesagt, wir sollen zu Jesus beten!" Die Polizei ging von

Haus zu Haus und erfuhr überall dieselbe Geschichte. Selbst die Kinder schlug man, bis sie erzählten, was die Polizisten hören wollten. Niemand entkam den Verhören.

Beim Verhör

Am Abend fuhr ein Auto vor dem Haus vor, wo Esther wohnte. Drei Beamte in schwarzen Anzügen saßen darin – die Uniform ausgewählter Mitglieder des Büros für Staatssicherheit. Sie stiegen aus, gingen zur Tür und riefen nach Esther.

Als sie vor die Tür trat, befahl man ihr, in den Wagen zu steigen. Man habe einige Fragen an sie. Esther wusste, dass ihr keine andere Wahl blieb. Die Beamten waren zurückhaltend und wandten keine Gewalt an, um sie ins Auto zu kriegen.

Esther erkannte den Fahrer. Er gehörte zu einer der Familien, bei denen sie nachts gepredigt hatte. Er hatte dabei zum Glauben gefunden. Sie wollte sein Geheimnis nicht preisgeben und tat, als kenne sie ihn nicht. Sie setzte sich einfach auf den Rücksitz und begann zu beten.

Der Wagen fuhr vor einem großen Stahltor vor. Irgendjemand öffnete das Tor von Hand, sie fuhren hindurch und hinter ihnen fiel es krachend ins Schloss. Esther wurde in einen kleinen Raum mit einem alten Sofa gebracht. Hinter einem Schreibtisch saß ein schwarz gekleideter Beamter. Sie hatte den Mann noch nie gesehen. Ein Knüppel lag vor ihm auf dem Schreibtisch. Bevor sie eine Frage stellen konnte oder selbst zu irgendeinem Entschluss gekommen war, begann der Mann, sie zu beschimpfen und ihr alle möglichen Vergehen vorzuwerfen.

„Was tun Sie hier?", wollte er wissen. „Verbreiten Sie Ihre Lügengeschichten hier im Ort? Führen Sie unsere Leute hinters Licht, so wie die Flüchtlinge in China? Warum brechen Sie unser Gesetz? Warum wollen Sie den Menschen hier falsche Ideen in den Kopf setzen?"

Er bellte sie an und schlug mit seinem Knüppel auf den Tisch in der Annahme, das werde Esther einschüchtern. Er kannte es gar nicht anders, als dass die Menschen vor ihm um Gnade winselten. Aber Esther ließ sich nicht einschüchtern. Sie schrie zurück.

„Wie können Sie es wagen, mir vorzuwerfen, ich würde irgendjemandem hier falsche Ideen in den Kopf setzen?" Sie wies mit dem Zeigefinger direkt auf ihn. „Ich habe mein eigenes Essen mit Ihren Leuten geteilt, wenn sie hungrig, krank und müde zu mir kamen. Ich habe ihnen Reis und Nudeln gegeben, die ich meiner eigenen Familie vom Munde abgespart habe. Und was haben Sie getan?" Sie stand auf und schlug mit der Faust auf den Tisch. „Pjöngjang hat mich geradezu angefleht, wieder einzureisen. Ich habe diesem Land nichts als Gutes getan!"

Der vernehmende Beamte war schockiert. Niemand im Raum hatte je erlebt, dass ein Verdächtiger während des Verhörs derart selbstbewusst auftrat. Esther war von ihrem eigenen Mut überrascht. Sie konnte auch nur so stark auftreten, weil Gott ihr gezeigt hatte, dass diese Leute hier nichts als Papiertiger waren. Sie konnten knurren und die Krallen ausfahren, aber der leiseste Windhauch vom Thron Gottes konnte sie in einem Augenblick wegpusten.

„Sie sind Christin", erwiderte er in vorwurfsvollem Ton.

„Na und? Wo ist das Problem damit? Gibt es in Pjöngjang etwa keine Kirchen? Wenn es ein Problem wäre, dass ich Christin bin, warum gibt es dann in der Hauptstadt dieses großartigen Landes Kirchen? Die Mutter des ‚Großen Führers‘ war selbst Christin. Wollen Sie behaupten, die Mutter des Gründers dieser großen Nation war eine Person mit übler Gesinnung?“

Esther war von sich selbst beeindruckt. Aber sie sollte noch lange hier festsitzen. Das wurde ihr allmählich klar, als sie einen ganzen Tag lang verhört worden war. Immer wieder andere Beamte kamen in den Verhörraum, schrien sie an und brachten immer neue Anschuldigungen vor.

Nach einer Weile wurde ihre Verteidigung, die anfangs so überzeugend geklungen hatte, schwächer. Ohnehin verstand niemand die Logik ihrer Argumente. Sie waren alle darauf programmiert, jede Information abzublocken, die nicht der offiziellen Ideologie entsprach. Esthers Argumente prallten an diesen Beamten ab wie an einer undurchdringlichen Wand. Schließlich legte der Beamte, der die ganze Untersuchung leitete, ihr ein Schriftstück vor und verlangte, dass sie ihren Fingerabdruck daruntersetzte.

„Was ist das?“, wollte Esther wissen.

„Stecken Sie Ihren Daumen in die Tinte und signieren Sie hier!“, bellte der Mann zurück.

„Was ist das? Ich will es lesen!“ Der Beamte ließ sie das Schriftstück nicht lesen.

„Wie kann ich etwas gestehen, wenn ich gar nicht weiß, was ich da gestehe?“

„Sie werden dieses Papier unterzeichnen. Haben Sie verstanden? Sie werden unterzeichnen, mit Tinte oder mit Blut." Die Drohung weckte Esthers Widerstandsgeist erst recht. Sie würde sich nicht zwingen lassen, ihr eigenes Todesurteil zu unterschreiben. Die Starrköpfigkeit, die sie schon als kleines Mädchen besessen hatte, gewann die Oberhand und hartgesottene Männer vom Büro für Staatssicherheit mussten einsehen, dass sie hier mit ihren Drohungen nichts ausrichten konnten.

Nach mehr als einer Woche war es ihnen immer noch nicht gelungen, Esther dazu zu bringen, das Geständnis zu unterzeichnen. Die Beamten waren unter Druck. Esther entging nicht, dass sie unter viel größerem Druck standen als sie selbst. Sie tobten, als verfügten sie über alle Macht der Welt. Aber in Wirklichkeit waren sie genauso verletzlich wie sie selbst. Sie wussten sehr gut: Wenn sie nicht die geforderten Ergebnisse dieser Untersuchung lieferten, könnten sie sich sehr bald in der gleichen Lage befinden wie Esther jetzt: hinter Gittern. Schließlich änderte sich der Ton, in dem man mit ihr sprach. Sie waren darauf angewiesen, dass Esther unterzeichnete. Es ging um ihre eigene Sicherheit.

„Bitte unterschreiben Sie", bat man sie nun. „Wenn Sie es nicht tun, könnten wir alles verlieren. Unsere Vorgesetzten werden nicht sehr erfreut sein, wenn es nicht gelingt. Unsere Familien sind in Gefahr."

„Ich kann nur etwas unterzeichnen, was der Wahrheit entspricht", antwortete Esther standhaft. „Und was ich hier unterschreiben soll, ist nicht die Wahrheit."

Sechs Wochen lang wurden die Verhöre fortgesetzt – jeden Tag den ganzen Vormittag lang. Während der Verhöre bekam sie nichts zu essen oder zu trinken. Jeden Tag führte ein anderer Beamter das Verhör – immer wieder ein neues Gesicht, jemand, der noch nicht ermüdet war und der neue Ideen hatte, wie man ihr die gewünschten Informationen abringen konnte. Niemand hörte sich an, was sie erwiderte, es sei denn, sie sagte das, was die Beamten hören wollten. Alle funktionierten wie Roboter, bei denen nur ein einziges Programm ablief. Sie waren nicht in der Lage, irgendeiner logischen Argumentation zu folgen, die anders war als das, was man ihnen eingetrichtert hatte.

Im Lauf der Zeit entzog Esther sich dem Verfahren immer mehr. Ihr wurde klar, dass es sich nicht lohnte, ihre Energie mit Argumentieren zu vergeuden oder der Gegenseite ihre logischen Fehler nachzuweisen. Sie erkannte, dass sie hier nicht mit irdischen, sondern mit geistlichen Mächten kämpfte. Sie begann, unablässig zu beten. Es war der einzige Weg, diese Tortur zu überstehen.

„Wo sind Sie überall gewesen? Ich will alle Häuser genannt bekommen, die Sie besucht haben", verlangte einer der Beamten. „Ich will wissen, wen Sie getroffen und wo Sie überall gepredigt haben."

Ein Bibelvers schoss ihr durch den Kopf: „Fürchte dich nicht!" *Du bist mein geliebtes Kind. Ich will dich führen und leiten,* sagte eine Stimme in Esthers Kopf. Sie spürte, dass Gott bei ihr war, dass er sie schützte. Augenblicklich gewann sie neuen Mut.

„Warum haben Sie in China Flüchtlinge bei sich aufgenommen? Wissen Sie, dass das ein feindlicher Akt gegenüber diesem Land ist?"

Jede ihrer Reaktionen auf jede Frage wurde notiert. Von Zeit zu Zeit legte man ihr diese Protokolle vor und verlangte, dass Esther sie unterschrieb. Aber sie weigerte sich. Sie musste nur einen kurzen Blick darauf werfen, um zu wissen, dass nichts davon der Wahrheit entsprach. Einmal legte der verhörende Beamte ihr seinen Notizblock vor und befahl ihr zu unterschreiben. Sie sah sich die Notizen kurz an, griff sich den Block, zerriss ihn und warf die Fetzen in die Luft.

„Was glauben Sie, wer Sie sind?", knurrte der Mann.

„Jedenfalls niemand, der Lügen unterschreibt", schoss Esther zurück. In dem Moment betraten ein paar weitere Beamte den Raum. Sie brachten einige Aktenordner und einen Stapel Papiere.

„Sie lügen also nicht, hmm?" Es war eine rhetorische Frage. „Hier haben wir die Aufzeichnungen von allen Gelegenheiten, bei denen Ihr Name in Verhören und Untersuchungen gefallen ist. Dokumente aus mehreren Jahren. Sie sehen also, wir haben Sie im Blick gehabt. Wir haben Informationen über Sie gesammelt. Wir wissen, wer Sie sind und was Sie getan haben. Wir wissen alles über Sie. Wir geben Ihnen bloß eine Chance, dass Sie uns selbst die Wahrheit erzählen. Das würde diese ganze Sache für Sie viel leichter machen."

Sie verfügten über Namen, Daten und Wohnorte von Menschen, die bei ihr in China Hilfe gesucht hatten. Oder die sie in Nordkorea unterstützt hatte. Sie hatten schriftliche Aussagen von Menschen, denen sie in Nordkorea von Jesus erzählt hatte. Esther konnte nur ahnen, was diese Menschen durchgemacht hatten, bis sie diese Aussagen unterschrieben hatten.

Schließlich erschien ein hochrangiger Offizier. Er sah die zerrissenen Verhörprotokolle auf dem Fußboden und seufzte missbilligend, während er auf Esther zutrat. Esther war sich sicher: Dies war der Anfang vom Ende. Offizielle

Dokumente zu zerreißen, das war Beamtenbeleidigung. Sie würde dieses Gefängnis nicht lebend verlassen.

Esther starrte zu Boden und wiegte schweigend den Kopf, als beratschlage sie mit sich selbst, ob sie etwas sagen sollte oder nicht. Alle anderen Beamten schlichen sich aus dem Raum, sehr darauf bedacht, den Offizier nicht zu verärgern. Es war offensichtlich: Sie hatten eine Heidenangst vor ihm.

Der Offizier

Jetzt waren nur noch Esther und der hohe Beamte im Raum. Nun brach sie ihr Schweigen. „Sie können mich töten. Aber ich werde Jesus Christus nicht verleugnen. Sie sollten aber wissen: Wenn ich sterbe, erwartet mich der Himmel. Aber wenn Sie sterben, ohne Jesus Christus als Herrn und Retter anerkannt zu haben, erwartet Sie sehr wahrscheinlich die Hölle. Sie werden vielleicht länger als ich in dieser Welt leben. Aber diese Welt ist nur ein Flüstern im Vergleich zur Ewigkeit."

Der Offizier sah Esther an und tat nichts, um sie zum Schweigen zu bringen. Esther hatte erwartet, dass er sie unterbrechen würde, und nicht vorgehabt, mehr zu sagen. Aber als er schwieg, beschloss sie weiterzureden. Sie redete von Jesus, von seiner Liebe und dass die Menschen in Nordkorea sie dringend brauchten. Und dann tat sie das Unvorstellbare. Sie sah dem Offizier offen in die Augen und sagte: „Die Menschen in Nordkorea brauchen Jesus. Auch Sie, Sir, brauchen Jesus. Lassen Sie ihn Ihren

Herrn und Retter sein. Sie können nicht länger dieses Leben voller Schmerz und Kummer leben. Sie können die Wahrheit nicht länger leugnen, die Sie längst im Herzen tragen. Jesus liebt Sie und er ist es, der in diesem Moment zu Ihnen spricht."

Sie schwieg einen Moment. „Sie können Jesus Christus in Ihr Leben aufnehmen. Er kann Ihnen einen Frieden schenken, der unvergänglich ist." Esther hatte nichts zu verlieren. Sie hatte bereits alles aufs Spiel gesetzt. Wenn sie schon sterben sollte, dann sollte es sein, weil sie das Evangelium weitergegeben hatte. Sie wollte nicht sterben und vor ihrem Herrn stehen, um dort zu entdecken, dass sie eine weitere Chance gehabt hatte, einen Menschen zum Glauben zu führen, sie aber nicht genutzt hatte.

Esther musterte den Mann. Er war nicht zornig. Er schien ihr wirklich zuzuhören, jedes Wort, das sie sagte, schien er aufzunehmen. Sein Blick ruhte auf ihr und er hörte ihr aufmerksam zu. Als sie ihre Ansprache beendet hatte, stand er auf und umkreiste den Schreibtisch. Schließlich sagte er: „Können Sie morgen um acht Uhr vormittags wieder hier sein?" Esther war ein wenig verwirrt. Was hatte er gesagt? Sie glaubte, ihre Ohren spielten ihr einen Streich.

„Ja. Ich kann morgen um acht hier sein", bestätigte sie.

„Gut. Aber bevor Sie gehen, müssen Sie noch ein Geständnis unterzeichnen."

„Ich kann kein Geständnis unterschreiben, das ich nicht eigenhändig geschrieben habe."

„Na schön", antwortete er. „Beziehen Sie sich auf die Gesetze in China und in Nordkorea. Nennen Sie alle Verstöße, die Sie in China begangen haben, indem Sie nordkoreanische Flüchtlinge unterstützt haben. Bis morgen früh sollten Sie fertig sein."

„Sehr wohl", sagte Esther.

Er entließ sie mit einer Handbewegung.

Esther war verwirrt, wollte aber nicht nachfragen, ob sie ihn richtig verstanden hatte. Sie wollte möglichst schnell von hier fort, aber ihre Beine trugen sie kaum. Sie hatte so viele Tage intensive Verhöre über sich ergehen lassen müssen, hatte nicht genug gegessen und getrunken. Ihr Körper und ihr Geist waren geschwächt. Sie stand auf und humpelte durch den Korridor. Aber sie war so schwach, dass ihr schwarz vor Augen wurde, als sie das Gefängnistor erreichte.

In einiger Entfernung, gerade so weit weg, dass man sie nicht bemerken würde, warteten einige von Esthers Glaubensschülern in der Dunkelheit. Sie hatten den Gedanken an ihre eigene Sicherheit hintangestellt, warteten seit Wochen vor dem Gefängnis und hatten unablässig darum gebetet, dass Esther freikam. Sobald sie durch das Tor trat, liefen sie ihr entgegen und Esther sank dem Nächstbesten in die Arme. Sie trugen sie unauffällig zurück in ihr Quartier.

Es war ein harter Kampf gewesen.

Und es sollte nicht der letzte gewesen sein.

16

Segen auf den zweiten Blick

Wie Esther später erfuhr, war sie auf die Bitte eines Regierungsvertreters hin freigelassen worden. Eine chinesische Delegation sollte die Stadt besuchen und sich dort mit hochrangigen Mitgliedern der nordkoreanischen Regierung treffen. Aber die nordkoreanische Seite fand keinen Übersetzer. Sosehr ihnen daran gelegen war, Esther für ihre missionarischen Aktivitäten zu verurteilen, so sehr waren sie jetzt auf ihre Fähigkeiten angewiesen. Esther sprach beide Sprachen, kannte das offizielle Protokoll und hatte viel dazu beigetragen, das wirtschaftliche Klima in der Region zu verbessern. Sie war die ideale Person für die Aufgabe. Das einzige Problem im Moment war, dass man sie gerade gefangen hielt.

Wenn die Mitglieder der Delegation, Chinesen wie sie selbst, von dieser Gefangenschaft erfuhren, konnte das für die nordkoreanischen Offiziellen böse Folgen haben. Zumindest würde es einen Gesichtsverlust bedeuten. Also beschlossen sie, Esthers Gefangenschaft als Druckmittel einzusetzen, um sich ihre Mitarbeit zu sichern. Esther willigte ein, bei dem Treffen zu übersetzen und nichts von ihrer Inhaftierung verlauten zu lassen. Im Gegenzug versprach man ihr, ihren Fall günstig zu beurteilen und auf eine baldige Entlassung hinzuwirken.

Jetzt, wo die Regierung sie brauchte, hoffte Esther auf Gnade. Sie hatte erfahren, dass in jüngster Zeit etwa zwanzig Menschen festgenommen worden waren, die sich aus China zurück ins Land stahlen. Fünf von ihnen hatten Bibeln dabei. Diese fünf wurden auf dem öffentlichen Platz ihrer Stadt zur Schau gestellt. Ein Regierungsvertreter verlas vor aller Ohren ihre „Verbrechen" und die verhängten Strafen. Nachdem Anklagen und Urteile bekannt waren, erschienen Soldaten mit Hämmern und zertrümmerten den Verurteilten die Köpfe. Die Kunde von dieser brutalen Hinrichtung war bald in weitem Umkreis bekannt.

Die Behörden steckten in einer Zwickmühle. Sie konnten Esther nicht unbehelligt lassen und gleichzeitig an ihr ein Exempel statuieren, dass man das Christentum in diesem Land nicht duldete. Man wusste zu viel über Esther, um ihre Aktivitäten einfach zu übersehen – und die Menschen in den Dörfern wussten das auch. Dieselben Leute, die jetzt ihre Hilfe als Übersetzerin für den Besuch der chinesischen Delegation brauchten, waren auch dafür verantwortlich, ihre Verhaftung als Warnung für andere bekannt zu machen.

Am Abend ihrer plötzlichen Entlassung brachten ihre Freunde sie also in ihr Quartier. Sie hatten das schmackhafteste Essen für sie zubereitet, das sie hatten besorgen können.

„Was ist los? Wofür ist das alles?", fragte sie.

„Wir sind einfach glücklich, dass du am Leben bist", war die Antwort.

Es war nicht das erste Mal, dass Esther solche Beweise der Liebe und Opferbereitschaft von Menschen in Nordkorea erhielt. Es berührte sie sehr, immer wieder zu erleben, wie die Liebe von Jesus nicht nur ihre Herzen erreichte, sondern ganz offensichtlich auch ihr Leben veränderte.

Esther war sich nicht sicher, was sie am nächsten Tag erwartete. Sie sandte eine Nachricht an ihre Familie in China: Wenn sie nicht binnen einer Woche zurückkam, sei sie höchstwahrscheinlich tot. Sie hoffte, ihre Übersetzungstätigkeit für die Regierung würde ihr dort etwas Wohlwollen einbringen. Aber sie wusste auch sehr gut, dass man der Regierung nie trauen konnte. Sobald sie hatten, was sie wollten, vergaßen sie meist, was sie vorher zugesagt hatten.

Esthers Mann erhielt ihre Nachricht. Er nahm unverzüglich Kontakt zu anderen Missionaren in China auf und bat sie um Hilfe. Aber er wurde überall abgewiesen. Alle hatten viel zu viel Angst, dass man sie mit Esther und ihren illegalen Aktivitäten in Verbindung bringen würde, wenn sie sich auf irgendeine Unterstützung einließen. Viele schlugen ihm die Tür vor der Nase zu und sagten, er solle sich nie wieder bei ihnen blicken lassen.

Als niemand ihm helfen wollte, reiste Esthers Mann allein an die Grenze und wartete einfach am Flussufer, immer wieder unter Tränen. Er fühlte sich absolut ohnmächtig. Es gab nichts, was er für seine Frau tun konnte.

Als Esthers Mutter begriff, dass ihre Tochter möglicherweise in Nordkorea umgebracht werden würde, begann sie zu beten. „Wenn meine Tochter tot ist, kann ich ebenso gut tot sein", erklärte sie jedem, der die Neuigkeit hörte. Sie und eine Reihe weiterer Christen trafen sich jeden Tag und beteten für Esther.

Ein Gebet im Dunkeln

Die Nacht ging zu Ende. Esther wusste, dass sie mit ihrem Geständnis fertig werden musste, bevor der Morgen kam. Sie wusste, dass ihr Leben davon abhing, was sie schrieb und was sie nicht schrieb. Irgendwo im Hinterkopf fragte sie sich, ob man das Geständnis an die chinesische Regierung schicken würde – China war für sie fast ebenso gefährlich wie Nordkorea und auch die chinesische Regierung würde nicht zweimal nachdenken, ob man sie exekutierte oder lebenslang in Haft nahm.

Gegen zwei Uhr nachts wurde ihr der Druck zu viel, sie verließ das Haus und ging nach draußen. Ihre Füße waren geschwollen vom Stehen und von den langen Wegen, die sie jeden Tag zum Verhör auf der Polizeistation hatte zurücklegen müssen. Jeder Schritt schmerzte.

Ein dunkler Himmel verbarg in dieser Nacht Mond und Sterne. Auch nicht der kleinste Lichtschimmer war am Himmel zu erkennen. Esther hielt sich die Hand vors Gesicht, konnte sie aber nicht sehen. So schwer es sich in diesem Dunkel gehen ließ – sie musste sich einfach ins Gebet vertiefen, und zwar ohne Ablenkungen. Das Gebet war das Einzige, woran sie sich klammern konnte und was ihr helfen würde, nicht den Verstand zu verlieren. Alles andere war ihr aus den Händen geglitten.

Esther wanderte im Dunkeln umher, bis sie an einen Baum stieß. Sie schlang die Arme um den Stamm und brach in Tränen aus. „Danke, Gott!", betete sie. „Danke für alles. Danke für die wunderbare Gelegenheit, die ich hatte, den Menschen hier zu dienen. Danke für die Ehre, deinen Namen an den finstersten Ort dieser Welt tragen zu dürfen. Wie es aussieht, ist meine Reise jetzt zu Ende. Ich wünsche mir nur eins: mit dir vereint zu sein. Wenn du je auf mein Gebet gehört hast, höre jetzt auch dieses – bring mich nach Hause. Hab ein letztes Mal Erbarmen mit mir und bring mich nach Hause, zu dir."

Die Arme um den Baum geschlungen, schloss sie die Augen und spürte, wie Gottes Geist sie ganz erfüllte. Sie begann leise zu singen. In diesem Moment war sie ganz erfüllt von Frieden und Freude darüber, dass sie Gott dienen durfte, und von der Gewissheit, dass es gut um ihre Seele stand, was auch immer mit ihrem Leib geschehen würde.

Der Kriegsveteran

Bevor die Sonne aufging, machte Esther sich auf den Weg zur Polizeistation. Jeder Schritt war ein Gebet. Ihre Füße waren immer noch geschwollen. Sie hatte die Hauptstraße noch nicht erreicht, als jemand sie ansprach. Er wollte sie unbedingt sprechen.

„Bitte, Schwester, können wir reden?", fragte er und zog ein Dokument aus der Tasche, das ihn als wichtige Persönlichkeit auswies. Esther nahm an, dass er für die Polizei arbeitete. Das Papier identifizierte ihn als einen

„vaterländischen Märtyrer der Revolution", der höchste Ehrentitel für einen Nordkoreaner, den nur Kriegsveteranen erhielten.

Esther antwortete nicht und bedeutete ihm nur stumm, er solle reden.

Mit Tränen in den Augen begann der Mann hastig. „Du kennst mich nicht. Aber ich habe von dir gehört. Ich weiß nicht, an wen ich mich sonst wenden soll. Bitte gib mir ein paar Minuten und hör mich an." Dass ein nordkoreanischer Kriegsveteran vor einer ausländischen Frau in Tränen ausbrach, war keine kleine Sache. Aber in diesem Moment war seine Qual größer als seine Scham.

„Ich habe mir ein kleines Stück Land urbar gemacht, von dem ich lebe. Mit meinen eigenen Händen habe ich es dem Berg abgerungen. Aber nachdem ich alles getan hatte, um das Land bestellen zu können, kam die Regierung und erklärte, alles, was ich hier erntete, würde ihr gehören." Er sah hinab auf sein patriotisches Dokument. „Dies hier, diese Auszeichnung, war ihnen egal."

Er schluchzte und drückte Esther die Hand. Esther wusste nicht, was sie tun sollte. Vielleicht war er ein Spion, der weiteres belastendes Material gegen sie beschaffen sollte.

Sie wandte sich von dem Mann ab und begann zu beten. Sie wusste nicht, wie sie sich verhalten sollte. Über das Evangelium zu reden, während ein Verfahren gegen sie lief, konnte ihr als Verrat ausgelegt werden. Aber nicht mit einem Menschen zu beten, der sie um Hilfe bat, war, als schlüge sie Gott ins Gesicht.

Esther streckte ihre Hände aus und ergriff die des Mannes. Dann erzählte sie ihm von Jesus. Sie blickte diesem einfachen Mann, der mehr als siebzig Jahre lang dem kommunistischen Regime loyal gedient hatte und dem jetzt nichts geblieben war als Verzweiflung und Hoffnungslosigkeit, direkt in die Augen. Sie sprach nur wenige Minuten von der Liebe und der Macht von Jesus. Dann fragte sie ihn, ob er bereit sei, Jesus in sein Leben aufzunehmen. Er nickte und übergab sein Leben Jesus Christus als seinem Herrn und Retter – mitten in der Nacht an einem staubigen Straßenrand.

Esther versprach, dass sie sich im Himmel wiedersehen würden, aber nun müsse sie erst einmal zur Polizei.

Das Ende des Albtraums

Dieser Tag veränderte Esthers Leben völlig – wieder einmal. Zur freudigen Überraschung all ihrer Freunde und ihrer Familie wurde sie, nachdem sie ihr Geständnis übergeben hatte, umgehend zur offiziellen Übersetzerin der Regierung bestellt, solange es Begegnungen mit chinesischen Regierungsvertretern geben würde. Gott wirkte nachhaltig unter den Vertretern der Macht. Einer besuchte Esther jeden Tag und brachte ihr koreanische Hundefleischsuppe, ein Gericht, das nach herkömmlichem Glauben Energie und Vitalität spendete. Die Nahrung, die ihr Körper brauchte, kam aus den Händen ihrer Feinde! Esther konnte Gott nur für seine wunderbaren Wege preisen.

Langsam ging ihr Albtraum zu Ende. Sie wusste immer noch nicht, ob sie weiterleben würde, wenn ihr Nutzen für die Regierung zu Ende war. Aber sie war erfüllt von einer heiteren Zuversicht, die stärker war als jede Angst, die in ihr aufsteigen wollte. Eines Morgens noch vor sieben Uhr fuhr ein Wagen der Staatssicherheit vor dem Haus vor, in dem sie unter Arrest stand. Der Wagen trug eine Plakette, die ihn als eigenhändiges Geschenk von Kim Jong-il auswies und dem Fahrer und allen Insassen freien Zugang zu jedem denkbaren Ort in Korea gewährte.

„Bitte steigen Sie ein", sagte jemand aus dem Inneren des Wagens.

„*Bitte?*", dachte sie. „Worum geht es denn?" Nach mehr als fünf Wochen, in denen man sie gequält und verhört hatte, war dies das erste Mal, dass jemand mit ihr so respektvoll und höflich redete.

Esther stieg ins Auto. Darin saßen bereits einige der Beamten, die sie verhört und mit dem Tod bedroht hatten. Der leitende Offizier sprach zuerst. „Esther, ich hoffe, dass Ihre Erfahrungen in unserem Vaterland nicht nur unter negativem Vorzeichen stehen. Ich hoffe außerdem, dass wir Freunde sein können. Es ist mein aufrichtiger und tiefer Wunsch, eine lebenslange Freundschaft mit Ihnen pflegen zu können."

Esther konnte nicht glauben, was sie da hörte. Kamen diese Worte voller Gefühlsintensität und Aufrichtigkeit tatsächlich von dem leitenden Ermittler in ihrem Fall? Der Wagen fuhr auf der holperigen Straße Richtung Norden und zog eine Staubwolke hinter sich her. Die anderen Beamten sprachen sie ebenfalls an und Esther tat, als hörte sie ihnen zu, aber in Wirklichkeit versuchte sie sich einzuprägen, wohin sie fuhren. Immer wieder erkannte sie markante Punkte und wusste bald: Sie nahmen die Straße, die sie selbst schon oft gekommen war. Sie waren unterwegs zur chinesischen Grenze!

Dort angekommen, sprangen die Beamten aus dem Wagen und hielten die Tür für sie auf. Sie standen vollkommen reglos und beobachteten, wie die Frau, die sie mehr als einen Monat lang gefangen gehalten hatten, aus dem Wagen stieg. Der Offizier fragte noch einmal: „Gibt es noch etwas, das Sie uns sagen wollen? Irgendeinen Gedanken, den Sie uns mitgeben möchten, bevor Sie nach Hause zurückkehren? Dies ist wahrscheinlich das letzte Mal, dass wir uns in diesem Land begegnen werden."

Esther erwog die Bedeutung dieses Augenblicks. Man erlaubte ihr, über diese Brücke zurück nach China zu gehen – in die Freiheit. Ihre Gedanken überschlugen sich. „Es gibt noch so vieles, was ich nicht verstehe", begann sie, während sie im Kreis der Staatssicherheitsbeamten an der Grenze stand.

Wenn Esther die Grenze nach China überquerte, trug sie immer andere Kleider als die, in denen sie eingereist war. Bei der Einreise trug sie immer so viele Lagen Kleidung übereinander wie nur möglich, außerdem Accessoires wie Ringe und Uhren, um sie an die Einheimischen zu verschenken oder gegen deren zerlumpte Kleidung zu tauschen. Dieses Mal war das nicht anders. Nichts, was sie am Leib trug, gehörte ihr. Es waren alte, verschlissene Fetzen von einer Freundin, der sie ihre eigene Kleidung geschenkt hatte. Aber sie stand sehr aufrecht da, ein Mensch voller Würde.

„Ich mag zurückkehren oder auch nicht. Aber bitte verstehen Sie: Die Menschen dieses Landes werden in meinem Haus immer willkommen sein – egal, wo ich lebe.

Solange ich ein Dach über dem Kopf und etwas zu essen im Haus habe, wird es an meinem Tisch immer einen Platz für die Menschen aus Nordkorea geben. Gott hat mich gerufen, den Menschen in diesem Land zu dienen, und das werde ich tun, solange ich dazu in der Lage bin."

Sie verneigte sich leicht, drehte sich um und ging davon. Während sie den Hügel hinab in Richtung der Grenzbrücke ging, spürte sie die Blicke der Beamten im Rücken. Was sie jetzt wohl dachten? Ob sie wohl je wieder über diesen Jesus nachdenken würden, den sie ihnen gepredigt hatte? Würde sie je einen dieser Menschen wiedersehen?

Zurück in China

Als sie die andere Seite der Grenze erreichte, geriet sie sofort ins Visier der dortigen Grenzbeamten. Sie sahen als Erstes, dass ihr Visum längst abgelaufen war. Irgendetwas musste vorgefallen sein. Sie wussten nur nicht, was.

Der chinesische Grenzposten war ein Hitzkopf und verlor sehr bald die Geduld mit ihr. Esther war klar, dass ihr wieder einmal Schwierigkeiten bevorstanden. In diesem Moment schritt ein chinesischer Regierungsvertreter aus Shenyang an der Schlange, in der sie stand, vorbei. Esther erkannte ihn sofort und er kam lächelnd auf sie zu.

„Was machen Sie denn hier?", fragte er. Aus dem Lächeln wurde rasch ein fragender Gesichtsausdruck, als er wahrnahm, wie zerlumpt sie aussah, wie ausgemergelt, wie stumpf ihr Haar war. Esther sah aus, als sei sie einmal durch die Hölle gewandert.

„Was machen Sie hier?", wiederholte er seine Frage, überrascht und besorgt.

„Dieser junge Mann hier macht mir Schwierigkeiten wegen eines Visums, das ihn nichts angeht", sagte Esther so laut, dass alle Umstehenden es hören konnten. „Dies ist ein Visum für Nordkorea. Ich habe mit den dortigen Behörden alle diesbezüglichen Fragen geklärt, aber dieser Mann meint, er müsse die Angelegenheiten der nordkoreanischen Seite vertreten, statt sich um seine Aufgaben zu kümmern."

„Hier", sagte der Regierungsvertreter aus Shenyang und zeigte dem Grenzbeamten seinen Ausweis. „Lassen Sie sie durch. Und falls jemand Fragen stellt, verweisen Sie ihn an mich."

Unverzüglich erhielt Esther den nötigen Stempel im Pass.

„Vielen Dank", sagte Esther.

„Kein Problem. Laden Sie mich einfach mal zum Essen ein, wenn Sie in der Stadt sind."

Ebendas System, das Esther verhasst war – ein System von Seilschaften und Korruption –, ebendieses System kam ihr in dem Moment zu Hilfe. Das System der Seilschaften in China, auch *guanxi* genannt, konnte jederzeit entweder Segen oder Fluch bedeuten. Was das Gesetz sagte, war in jedem Fall weniger ausschlaggebend als die Frage, welche Beziehungen jemand hatte und welche Position diese Personen wiederum im Spinnennetz politischer Beziehungen innerhalb des Regierungsapparats hatten.

Esther schritt hocherhobenen Hauptes durch den Checkpoint und sofort fiel ihr der Mann ins Auge, der direkt davor auf der Straße saß und wie hypnotisiert über den Fluss starrte. Es war ihr Mann. Sie ging direkt auf ihn zu, aber er sah sie nicht – oder er erkannte sie nicht. Sie kam näher und rief seinen Namen. Er wandte sich um und sah sie auf sich zukommen, aber noch immer konnte er nicht glauben, dass es Esther war. Er dachte, eine geistesgestörte Nordkoreanerin versuchte, seine Aufmerksamkeit auf sich zu lenken. Sie hinkte, hatte höchstens noch die Hälfte ihres früheren Gewichts und trug Kleider, die wie ein Sack um ihren Körper schlotterten.

Esther wusste es damals noch nicht, aber ihr Mann hatte nicht mehr damit gerechnet, dass sie auf eigenen Beinen über diese Brücke kommen würde. Er hatte erwartet, dass man ihren Körper in einem Blechsarg schicken würde. Überzeugt, dass man sie hingerichtet hatte, wollte er als ihr treuer Ehemann da sein, wenn man ihren Leichnam über die Grenze bringen würde.

Esther ging unbeirrt weiter und rief immer wieder seinen Namen. Ihr Mann blinzelte gegen die Sonne – und plötzlich erkannte er, wer sie war. Er verlor fast seine Schuhe, so eilig rannte er auf sie zu. Er schlang seine Arme um sie und hatte Angst, er werde sie zerbrechen, so fragil und schmal war sie geworden. Er hielt sie ein wenig von sich fort, um sie anzusehen, und schloss sie dann erneut in die Arme.

„Und unser Sohn?", fragte Esther, in der eine tiefe Freude hochstieg. „Komm, wir gehen heim zu unserem Sohn."

Vielleicht würde Esther eines Tages eine Märtyrerin ihres Glaubens werden. Aber heute war nicht dieser Tag.

17

Neue Bewährungsproben

Esther brauchte länger, als sie erwartet hatte, um wieder zu Kräften zu kommen. Geschwächt von den Strapazen in Nordkorea, war sie anfällig für Krankheiten aller Art. Und die trafen sie nun alle gleichzeitig. Sie wandte sich an einige ausländische Missionare in ihrer Gegend, aber sie machte die gleiche Erfahrung wie früher: Niemand war bereit, ihr zu helfen. Ihre Verhaftung in Nordkorea hatte sie in der Missionarsgemeinschaft in China zu einer Außenseiterin gemacht, mit der niemand etwas zu tun haben wollte.

Wieder einmal gab es für Esther und ihre Familie keine andere Hilfe, als sich an Gott zu wenden. Sie mussten sich ganz und gar auf sein Wort verlassen und ihrer Berufung treu bleiben.

Noch bevor Esther völlig genesen war, war sie schon wieder im Dienst an den Flüchtlingen engagiert, als ob sie China nie verlassen hätte. Die Tage ihres Arrests in Nordkorea erschienen ihr manchmal nur noch wie eine ferne Erinnerung. Aber in ihren Träumen tauchten die Bilder davon, was sie durchgemacht hatte, immer wieder auf.

Wieder strömten Tag und Nacht Flüchtlinge in ihr Haus. Der Januar war so eisig kalt, dass der Fluss zufror. Jetzt konnte man ihn leicht überqueren und die Flüchtlingszahlen stiegen sprunghaft an. Es war Anfang 2007 und Esther war wieder voll und ganz in ihrem Dienst an den Menschen aus Nordkorea engagiert.

Unliebsamer Besuch

Eines Tages kam sie vom öffentlichen Badehaus zurück, um einer Schwester aus Nordkorea zu zeigen, wie sie einige einfache Gerichte zubereiten konnte, die sie auch in ihrem Heimatland würde kochen können. An diesem Tag sollte es eingelegte Lotuswurzeln geben.

Esthers Mann verließ das Haus, um ein wenig Tofu einzukaufen. Er war gerade fort, als es klopfte. Esther dachte, ihr Mann käme zurück, weil er etwas vergessen hatte. Ohne nachzudenken, schob sie den Riegel zurück und öffnete die Tür.

Neun Polizisten stürmten durch die Tür und stießen Esther zurück in den Raum.

„Esther Chang?", fragte einer der Polizisten barsch. „Wir haben einen Haftbefehl gegen Sie." Er hielt ihr ein Papier vor die Nase. „Wer befindet sich noch in diesem Haus?" Ohne Esthers Antwort abzuwarten, begannen seine Schläger, das Haus zu durchsuchen.

Esthers Gedanken überschlugen sich. Ihr Haus war eine Fundgrube an Informationen für die Polizei. Sie durchsuchten einen Raum nach dem anderen. Sie selbst beachtete gerade niemand. Ohne weiter nachzudenken, eilte Esther in ihr Schlafzimmer. In der Schublade ihrer Kommode hatte sie ein Notizbuch mit den Adressen aller nordkoreanischen Flüchtlinge, die bei ihr Hilfe gesucht hatten. Außerdem Fotos, Namen, Kontakte zu anderen Missionaren und evangelistisches Material. Wenn diese Sachen in die falschen Hände fielen, waren viele Menschenleben in Gefahr.

Sie hatte keine Sekunde zu verlieren. Esther öffnete die Schublade, schnappte mit beiden Händen so viel von dem Material, wie sie konnte, fuhr herum, stieß zwei Polizisten aus dem Weg und rannte zum offenen Fenster, wo sie die verräterischen Dokumente hinunter auf die belebte Straße warf. Die Papiere waren rasch in den nassen Schnee getreten.

Einer der Polizisten warf Esther zu Boden und legte ihr Handschellen an. Sie fanden ihr Handy in der Jackentasche und beschlagnahmten es als Beweismaterial. Obwohl Esther vor den Augen der beiden Polizisten Beweismaterial vernichtet hatte, schienen sie nicht zu begreifen, was sie da getan hatte. Es war, als ob Gott ihnen die Augen verschlossen hätte.

Nachdem sie Esther gefesselt hatten, stellten sie sie auf die Beine und führten sie aus dem Raum. Ihr Sohn musste hilflos zusehen, wie seine Mutter erneut verhaftet wurde. Alle Flüchtlinge im Haus wurden ebenfalls verhaftet. Eine der Frauen wurde mit Handschellen an Esther gefesselt. Die Einzigen, die zurückblieben, waren Esthers Sohn und ihre Mutter.

Im Geheimgefängnis

Man stieß Esther und die anderen Flüchtlinge in einen Wagen und transportierte sie in ein kleines Motel in der Nähe des Bahnhofs. Dort angekommen, wurden an allen Eingängen Wachen postiert und die Fenster zugestellt, sodass man weder hinein- noch hinaussehen konnte.

Motels und verlassene Gebäude dienen in China häufig als provisorische Arrest- und Verhörräume für Gefangene aus religiösen Gründen. Würde man Christen in die offiziellen Gefängnisse einliefern, könnte das China in Schwierigkeiten bringen, weil dann internationale Beobachter von den Verhaftungen erfahren würden. Also hat die chinesische Polizei ein ausgeklügeltes System von Geheimgefängnissen und Straflagern aufgebaut. Man kennt sie als „Schwarze Gefängnisse". Überall in China gibt es diese provisorischen Gefängnisse, in denen Hunderttausende gefangen gehalten werden, ohne dass es einen Haftbefehl gegen sie gibt oder sie Kontakt zu einem Anwalt bekommen können oder die Familien erfahren, wo die Menschen sind. Viele Opfer verschwinden spurlos, damit niemand den Vorwurf erheben kann, es gebe hier Folter oder Misshandlungen.

Esther war zum ersten Mal mit dieser Situation konfrontiert. Sie wusste, dass China alles tat, um die tatsächlich stattfindende Christenverfolgung zu vertuschen. Aus diesem Grund hatte sie auch nie Hilfe von ihrem Land erwartet, als man sie in Nordkorea verhaftet hatte.

Der Leiter der Aktion zog einen Haufen Akten aus seiner Tasche und knallte sie auf den Schreibtisch. Esther saß davor, immer noch an die junge Nordkoreanerin gefesselt, die kein Wort verstand, weil da Chinesisch gesprochen wurde. Der Raum war so klein, dass er nicht viele Menschen gleichzeitig aufnehmen konnte. Das Licht war trübe und Zigarettenqualm hing in der Luft.

„Wir haben hier Unterlagen über sieben Jahre Ihres staatsfeindlichen Verhaltens." Esther, auf beiden Seiten flankiert von einem Polizisten, betrachtete die Dokumente. „Sieben Jahre, Esther. Wir haben Sie beobachtet. Wir sind Ihnen gefolgt. Und Sie werden uns heute alles erzählen, was wir wissen wollen."

Esther saß schweigend da.

„Wie lange betreiben Sie diese christliche Arbeit schon?", wollte der Aktionsleiter wissen. „Wie lange verbreiten Sie schon staatsfeindliche Propaganda über diesen Jesus?" Esther antwortete nicht. „Seit wann unterstützen Sie Kriminelle aus Nordkorea?"

„Ich weiß nichts über Kriminelle aus Nordkorea", entgegnete Esther schließlich. „Aber falls Sie die Menschen meinen, die ich auf den Straßen Chinas getroffen habe und die meine Hilfe brauchten … ja, die habe ich ihnen angeboten."

Der Beamte war durchaus im Bilde über Esthers Aktivitäten. Er kannte Namen und Einzelheiten und seine Fragen wurden immer schärfer. Nach ungefähr einer Stunde Verhör klopfte es an der Tür. Einer der Polizisten kam herein. Hinter ihm brachte man einen zerlumpten Mann, einen Nordkoreaner, der zu Esthers Glaubensschülern gehörte.

„Vielleicht erkennen Sie ja Ihren Freund hier", sagte der Beamte und wies auf den nordkoreanischen Bruder.

„Wir haben ihn und ein paar andere gerade beim illegalen Grenzübertritt zurück nach Nordkorea erwischt. Er hat gesungen wie ein Vögelchen." Der Mann war durch Esther zum Glauben gekommen und er war ein guter Christ. Aber er war kein sehr guter Untergrundaktivist. Man konnte ihn lesen wie ein offenes Buch; er gab viel zu viele Informationen preis.

„Esther, es tut mir so leid. Sie haben gesagt, wenn ich Geld zahle, lassen sie mich frei. Also hab ich gesagt, sie sollen dich anrufen, du würdest mir vielleicht helfen. Ich wusste doch nicht …" Er brabbelte weiter, ängstlich bemüht, die Situation zu erklären und Esthers Zorn abzuwenden.

„Schschschhh … es ist okay", sagte Esther.

„Ich wusste nicht, dass sie dich verhaften würden. Ehrlich, es wäre mir überhaupt nicht in den Sinn gekommen", bekräftigte er noch einmal.

„Schon gut", versicherte Esther noch einmal. Sie wusste, dass der Mann aufrichtig war und das Ganze nicht seine Schuld war. Nach einer weiteren Stunde Verhör war Esther kurz vor einem Kreislaufzusammenbruch und sie begann zu zittern. Der Raum war ungeheizt und es war zwanzig Grad minus. Der Zementfußboden schien die eisige Kälte direkt in ihren Körper zu leiten.

„Sie sehen, Esther, es hat keinen Zweck, Unschuld vorzutäuschen. Es bringt Sie nicht weiter, wenn Sie nicht mit uns zusammenarbeiten. Wir haben alle nötigen Beweise – genug, um ein Todesurteil zu beantragen. Sie haben nur eine Chance: Arbeiten Sie mit uns zusammen. Und beten Sie, dass wir Milde walten lassen."

Esther sah den Mann ruhig an. Sie hatte der nordkoreanischen Staatssicherheitspolizei standgehalten. Diese chinesischen Polizisten würden sie nicht in die Knie zwingen. Das Schweigen im Raum wurde vom Rattern eines Zuges unterbrochen, der draußen vorbeifuhr. Nach ein paar weiteren Stunden in dem kleinen Motelzimmer wurden Esther und ihre Mitgefangene auf den Bahnsteig geführt. Bewacht von neun Polizisten brachte man sie zu einem gesicherten Waggon eines Zuges.

„Wohin geht es?", wollte Esther wissen.

„Maul halten!", bellte einer aus der Wachmannschaft. „Du sagst kein Wort und stellst keine Fragen!"

Man führte sie über eine Rampe in den Wagen. Esther trat an eines der Fenster, die sich alle halbe Meter in der Wand befanden, und versuchte, den Vorhang wegzuschieben und hinauszuschauen. Sofort schlug einer von den Wachen sie auf die Hand.

„Versuch das noch mal und ich brech dir die Hand. Verstanden?" Er redete mit ihr wie mit einem kleinen Kind.

Die Nordkoreanerin, die an Esther gefesselt war, war ein junges Mädchen. Die dünne Kleidung, die sie trug, schützte sie nicht vor der eisigen Kälte und sie zitterte vor Kälte und vor Angst.

„Esther, ich habe Angst. Was werden sie mit uns machen?"

„Maul halten!", bellte die Wache. „Es wird nicht gesprochen!" Er stieß die beiden auf eine Art Pritsche, auf der sie nebeneinandersitzen konnten, und schloss Esthers freie Hand mit Handschellen an einen Pfosten.

Der Abfahrtspfiff erklang. Esther wünschte, sie wüsste wenigstens, in welche Richtung sie fuhren. Sie war absolut allein. Ihre Familie hatte keine Möglichkeit herauszufinden, wo man sie gefangen hielt oder wohin man sie transportierte. Sie zerbrach sich den Kopf nach einer Möglichkeit, ihnen eine Nachricht zukommen zu lassen. Aber sie fand keine.

Das Mädchen neben ihr konnte nicht aufhören zu schluchzen. Sie befand sich in einem fremden Land, dessen Sprache sie nicht sprach und dessen Kultur sie nicht kannte. Sie verstand nicht, was mit ihr geschah. Sie war keine Kriminelle. Sie war einfach ein Opfer von Kim Jong-il und seiner Politik, die sein Volk verhungern ließ. Sie hatte nichts anderes getan, als einen Weg zu suchen, wie sie überleben konnte.

Esther beobachtete die Wachen, bis der Zug die Männer in den Schlaf schaukelte. Dann lehnte sie sich zurück, sodass das Mädchen an ihrer Seite den Kopf an ihre Schulter legen konnte, das Ohr nah an Esthers Mund. Vorsichtig flüsterte sie ihr zu: „Hab keine Angst. Gott sorgt für uns. Sei tapfer und vertraue ihm. Ich habe schon schwierigere Situationen erlebt und er hat mir immer herausgeholfen. Er hat mich nie enttäuscht. Und auch dich wird er nicht im Stich lassen."

„Ruhe!", knurrte einer der Polizisten und blinzelte mit einem Auge zu ihnen herüber. Aber Esther flüsterte dem Mädchen einfach weiter tröstliche Worte zu. Sie wusste, dass die Wachen kein Koreanisch sprachen und nicht verstehen würden, was sie sagte.

18

Nummer 27

Esther wachte davon auf, dass der Zug mit einem Ruck hielt. Sie hatten ihr Ziel erreicht. Eine Wache öffnete die Waggontür. Ein Luftzug wehte herein, noch eisiger als der Winterwind in Shenyang. In einiger Entfernung zeigte ein Schild an, dass sie in einer Stadt der Provinz Heilongjiang waren, einer der nördlichsten Provinzen Chinas an der Grenze zu Russland und der Inneren Mongolei. Es war eine abgelegene Gegend, die schon immer von jeder Zivilisation abgeschnitten war. Ähnlich wie Sibirien in Russland war dies der ideale Ort, an den man Menschen verbannen konnte, die die Regierung aus dem Weg schaffen wollte.

Esther, die immer noch an ihre Mitgefangene gefesselt war, wurde aus dem Zug geführt. Sie war unterkühlt, hungrig und müde, aber der Tag hatte gerade erst begonnen. Sie hatte keine Vorstellung davon, was geschehen würde oder wohin man sie brachte. Sie erhielt keinerlei Informationen, und wenn sie versuchte zu fragen, befahl man ihr zu schweigen.

Die beiden Gefangenen wurden in einen gepanzerten Wagen gesetzt und zu einem Gefängnis vor den Toren von Harbin gebracht, der Provinzhauptstadt von Heilongjiang. Am Gefängnistor angekommen, nahm eine Wache sie in Empfang.

Obwohl es sich eindeutig um ein Gefängnis handelte, war es nach außen hin nicht als solches gekennzeichnet. Die einzigen Hinweise auf die düstere Bestimmung des Gebäudes waren die hohen, stacheldrahtgekrönten Mauern, die Wachtürme und ein zusätzlicher Zaun, der das ganze Gelände umgab.

Esther sah, dass ihre Begleiterin fror und hungrig war. Als man sie aus dem Wagen zerrte und in das Eingangsbüro brachte, kramte Esther ein bisschen Geld aus ihrer Tasche und bat die Wache, etwas zu essen für ihre Begleiterin zu kaufen. Der Mann nahm das Geld, steckte es ein und widmete sich dann weiter seinen Formularen. Er hatte nicht die geringste Absicht, das Geld zu ihren Gunsten zu verwenden.

Man nahm Esther die Handschellen ab und befahl ihr, sich auszuziehen. Sie tat, was man ihr sagte. Gedemütigt und verletzlich stand sie unbekleidet in dem eiskalten Raum. Eine Wache kam zur Leibesvisitation, um sicherzustellen, dass sie nichts an ihrem Körper verbarg. Sie durchkämmte ihr sogar das Haar für den Fall, dass sie dort etwas versteckt hatte.

Nach dieser Inspektion gab man ihr eine Uniform, die sie von nun an tragen sollte. Sie trug die Nummer 27. Das war also ihr neuer Name. Sie war nicht länger Esther Chang. Sie war jetzt Siebenundzwanzig.

Im Untergrundgefängnis

Eine weitere Wache holte sie ab und führte sie in einen unterirdischen Bunker im Spezialtrakt für die politischen Gefangenen. Es war eine Art unterirdisches Labyrinth, wie Esther sie aus alten japanischen Filmen kannte.

Sie gingen durch etliche Korridore mit Zellen an beiden Seiten. Die Frauen darin kamen vor an die Gitterstäbe, um sich die „Neue" anzusehen. In den Blicken lag weder Mitgefühl noch Freundlichkeit; sie starrten Esther stoisch und gleichgültig an.

Schließlich erreichten sie das, was ihr neues Heim sein würde. Die Türen zwischen den einzelnen Zellenblocks öffneten sich nicht automatisch wie in amerikanischen Filmen, sondern waren Relikte aus einer längst vergangenen Zeit. Die Wache trug einen Ring mit altmodischen Schlüsseln für die riesigen Schlüssellöcher in den rostigen Türen. Vor einer Zelle hielten sie an, der Aufseher öffnete die Tür und stieß Esther hinein. Dann drehte sich der Schlüssel im Schloss. Esther fand sich in einer Zelle wieder, die mit fünf Frauen bereits überfüllt war. Keine von ihnen sah aus, als freue sie sich über den Neuzugang. Im Gegenteil. Sie wollten nichts mit ihr zu tun haben.

„Gott, ich weiß, dass du bei mir bist, auch hier. Ich *weiß* es, Gott. Du bist da. Ich will mich nicht fürchten", betete sie stumm.

Esther stand regungslos neben der Tür. Sie fühlte sich unsicher und wusste nicht, wie sie die anderen ansprechen sollte. Niemand sagte ein Wort.

Es gab keinen Platz, um sich hinzusetzen, also blieb sie einfach stehen. Als das unbehagliche Schweigen andauerte, beschloss sie schließlich, es sei das Beste, wenn sie es mit Freundlichkeit und einem Lächeln versuchte, auch wenn niemand das Lächeln erwiderte.

„Hallo", sagte sie nervös und hoffte, dass wenigstens eine von den anderen auf ihren Versuch eingehen würde. Niemand reagierte. Sie starrten sie bloß stumm an. Esther versuchte es noch einmal im unbefangensten Ton, zu dem sie fähig war. „Guten Tag."

„Warum bist du hier?", knurrte eine Frau aus der hinteren Ecke der Zelle.

„Ich bin hier, weil ich Christin bin und Lebensmittel an Menschen verteilt habe, die kurz vor dem Verhungern waren." Die Antwort bewirkte eine sofortige Reaktion von allen Zelleninsassinnen.

„Was?", riefen sie durcheinander.

„Das soll ich glauben? Niemand wird verhaftet, weil er gut ist", sagte eine der Frauen.

„Aber es ist so", verteidigte Esther sich mit Nachdruck. „Eine der jungen Frauen, denen ich geholfen habe, ist auch hier, in diesem Gefängnis. Sie kommt aus Nordkorea. Und das einzige Verbrechen, das sie begangen hat, ist, dass sie versucht hat, ihr Leben zu retten, und illegal über die Grenze gekommen ist, um etwas zu essen zu finden, damit sie nicht verhungert."

„Das sieht diesen Kommunisten ähnlich", bemerkte eine aus der Gruppe. „Andere für Dinge zu bestrafen, die ihnen Angst machen." Der anfängliche Argwohn war überwunden und jetzt waren ihre Zellengenossinnen bereit, sich anzuhören, was Esther zu sagen hatte.

Eine nach der anderen erzählte Esther ihre Geschichte und was sie in dieses Frauengefängnis gebracht hatte.

Das Gespräch dauerte eine ganze Weile. Dann ergab sich eine Möglichkeit für Esther, von Jesus und seiner Liebe zu erzählen, und sie erklärte ihren Mitgefangenen das Evangelium. Sie ahnte nicht, dass die Zellen Tag und Nacht überwacht wurden. Das Gebäude mochte alt und verfallen sein, aber das Überwachungssystem war es nicht. Die neueste Technik war im Einsatz, um alles, was in den Zellen gesagt oder getan wurde, lückenlos aufzunehmen. Es gab zwar weder Heizung noch frisches Wasser. Aber wenn es darum ging, jedes Wort der Gefangenen zu belauschen, hatte man keine Kosten gespart.

Es dauerte nicht lange und Esther hörte, wie auf dem Gang eine Tür heftig zugeschlagen wurde.

Die Frauen verstummten sofort und wichen nach hinten in die Zelle zurück. Sie gingen eindeutig auf Abstand zu Esther. Energische Stiefelschritte auf dem Gang verkündeten nichts Gutes.

Ein Wachtrupp erschien vor der Zelle.

„27! Was geht hier vor? Glaubst du, das ist hier ein Erholungsurlaub?", brüllte ein Wächter. „Tür auf!", kommandierte er. Ein anderer suchte nervös an seinem Schlüsselbund, bis er den richtigen Schlüssel gefunden hatte. Dann ging die Tür auf und der Erste, der hereinkam, stürzte sich auf Esther.

„Du bist hier nicht, um mit Freunden zu palavern. Du sollst dich hier nicht ausruhen. Du sitzt hier deine Strafe ab und dann verschwindest du!" Er stieß Esther gegen die Wand und kam ihr so nah, dass ihr mit jedem Wort sein Speichel ins Gesicht flog. „Du bist hier nur eine Gefangene, 27, und in meinem Gefängnis hältst du gefälligst den Mund!"

Er ging und Esther fühlte sich zutiefst gedemütigt. Sie kannte keinen Menschen hier; sie wusste nicht, welche Regeln hier galten, und war völlig ahnungslos, was sie tun sollte. Sie war in einer anderen Welt gelandet und das hatte ihr dieser Wachposten unmissverständlich klargemacht.

Zu allem Übel erlaubte man ihr auch nicht, ihre Familie zu benachrichtigen, wo sie war. In China müssen die Angehörigen für die Kosten von Gefängnisaufenthalten aufkommen. Wenn die Gefangenen etwas brauchen – eine Decke, besseres Essen, Kleidung oder dergleichen –, muss die Familie dafür zahlen. Kann sie das nicht oder weigert sie sich, muss der Gefangene eben ohne diese Dinge auskommen. Wenn man ihr keinen Kontakt zu ihrer Familie erlaubte, hatte sie keine Möglichkeit, sich auch nur das Notwendigste zu besorgen.

Einfache Vergünstigungen

Die Zelle war ein ekelhafter Ort. Die Ratten hatten keine Angst vor Menschen und liefen durch den Raum, als seien sie dort zu Hause. An den Wänden klebte vereister Schimmel. Esther schloss die Augen, damit sie den Unrat, der sie umgab, nicht sehen musste.

Die anderen Frauen in der Zelle zogen sich von ihr zurück, vermutlich aus Angst, selbst in Schwierigkeiten zu geraten. Sie fühlte sich verlassen und isoliert. Sie konnte sich nicht auf ein Bett setzen, denn die waren alle belegt.

Und der Fußboden war einfach zu kalt. Nicht einmal an die Wand lehnen konnte sie sich, denn die war mit Eis bedeckt. Esther war elend zumute.

Nachdem Esther eine Weile verloren im Raum gestanden hatte, winkte eine der Frauen sie zu sich und unter ihre Decke, damit sie sich wärmen konnte. Es war gegen die Vorschriften, dass zwei Personen sich eine Decke teilten. Aber diese Frau besaß noch so viel Mitgefühl, dass sie bereit war, gegen die Vorschriften zu verstoßen, damit Esther nicht erfror.

Aus irgendeinem Grund hatte diese Frau ein Herz für Esther. Es war ein Zeichen, dass Gott sie nicht verlassen hatte. Am Fußende des Bettes lag eine Rolle weißes Toilettenpapier. In diesem Gefängnis war das Gold wert. Die anderen Gefangenen konnten sich kein Papier leisten und mussten sich mit Lumpen behelfen, die sie immer wieder benutzten. Diese Frau bot Esther an, ihr Toilettenpapier zu nehmen, wenn sie zur Toilette musste. Es war eine seltsame Geste der Zuneigung, Esther war dankbar für diese Freundlichkeit.

Am frühen Abend erklang das Signal zum Abendessen. Esther war hungrig; seit sie vor zwei Tagen beim Kochen des Abendessens verhaftet worden war, hatte sie nichts gegessen. Sie konnte es kaum erwarten, endlich etwas in den Magen zu bekommen. Das Klirren der Tabletts gegen die Gitterstäbe, wenn sie in die Zellen gereicht wurden, kam immer näher. Aber als es Esthers Zelle erreichte, verließ Esther der letzte Rest an Zuversicht. Auf dem Tablett war nichts als eine schwappende wässrige Flüssigkeit, in der eine faulige Rübe schwamm. An Esthers Rübe klebte auch noch Erde.

Sie beschloss, überhaupt nicht zu essen. Sie war hungrig und sehnte sich nach dem kleinsten Bissen, aber sie verspürte auf einmal den Drang, zu fasten und zu beten. Sie nahm weder Wasser noch Nahrung zu sich – und ersparte sich damit vermutlich eine Schockreaktion ihres Körpers. Das Trinkwasser war verunreinigt und enthielt giftige Laugen, die die Gefangenen krank machten. Wer überleben wollte, trank am besten nur die Wassersuppe, die es abends gab, denn die war abgekocht und daher weniger gesundheitsschädlich.

„Unterstützung einer kriminellen Vereinigung"

Irgendwann holte man Esther zum Verhör. Man fesselte sie an einen Stuhl, sodass sie kein Glied bewegen konnte. Den ganzen Tag ließ man sie so sitzen, bis sie ihre Beine nicht mehr spürte.

„Wer unterstützt dich?", war die erste Frage.

„Niemand. Ich finanziere mich selbst."

„Nein. Wer hilft dir? Wer steht hinter dieser Fluchtorganisation?"

„Ich habe keine Fluchtorganisation. Ich helfe Menschen, die Hilfe brauchen. Ich frage nicht nach Ausweispapieren."

„Du machst es schwerer, als es sein müsste, 27. Hör auf, um die Sache herumzureden. Tu nicht so ahnungslos. Du solltest besser anfangen, die Wahrheit zu sagen, und zwar ohne Umschweife, 27." Sie war zwar nun schon einige

Tage hier, hatte sich aber noch nicht daran gewöhnt, als Nummer angesprochen zu werden. Es war so entwürdigend, als wäre sie kein Mensch mehr.

„Vielleicht interessiert dich diese Liste", sagte der Polizist und legte ihr ein Papier mit Telefonnummern vor. „Wir kennen jeden, mit dem du gesprochen hast. Vielleicht möchtest du uns ja aufklären, worum es in diesen Gesprächen ging? Na, wie wär's?"

Esther betrachtete die Liste ihrer Anrufe. Die Namen aller Kontakte, die sie in den letzten paar Tagen angerufen hatte, waren erfasst, dazu Datum, Uhrzeit und Dauer jedes Anrufs.

„Bestreitest du etwa, diese Anrufe gemacht zu haben?"

„Nein", antwortete Esther. „Ich bestreite es nicht. Sie haben das gesagt, nicht ich."

„Schön, dann sehen wir uns doch mal diese Liste an. Wer sind diese Leute, mit denen du telefoniert hast?"

„Manche sind Verwandte, andere sind Freunde."

„Worüber habt ihr gesprochen?"

„Sie können nicht im Ernst erwarten, dass ich mich an die Inhalte all dieser Telefongespräche erinnere. Sie waren so belanglos, dass ich ein Gespräch kaum von anderen unterscheiden kann", sagte Esther und wies sein Ansinnen ab.

„Zwei Personen auf dieser Liste hier sind eindeutig Kriminelle. Wir wissen, dass du Verbindungen zur Mafia in Beijing hast."

„Was?", protestierte Esther unwillkürlich. „Das ist nicht wahr. Ich kenne keine Bandenmitglieder und habe nie mit Leuten vom organisierten Verbrechen zusammengearbeitet – jedenfalls soweit ich weiß. Ich bin schließlich Christin." Esther erkannte am Gesichtsausdruck der Verhörenden, dass sie nicht verstanden, wovon sie redete. Sie hatte gedacht, sie könne diese Befragung beenden, wenn sie sich offen und ehrlich als Christin zu erkennen gab. Jeder wusste, dass kein ernsthafter Christ sich je mit Bandenkriminellen einlassen würde. Schließlich ging es den Christen um Liebe und Mitmenschlichkeit. Aber die Leute, die dieses Verhör führten, verstanden das Wort „Christin" nicht. Es nützte ihr also gar nichts.

„Wir wissen, dass du mit Mafiabossen zusammengearbeitet und Prostituierte aus Nordkorea nach Shenyang geschmuggelt hast", lautete der nächste Vorwurf.

Esther wurde schlagartig klar, dass diese Leute ihre Freunde und Nachbarn nicht gründlich vernommen hatten. Sie hatten keine Ahnung, was sie tatsächlich getan hatte. Sie hielten sie für eine Menschenhändlerin, eine Schleuserin. Es gab so vieles, was sie nicht wussten und nicht verstanden. Und das, so wurde ihr bewusst, verschlimmerte ihre Situation beträchtlich. Wenn jemand mit dem Begriff „Christ" nichts anfangen konnte, wie sollte er verstehen, was einen anderen dazu brachte, nordkoreanischen Flüchtlingen zu helfen, ohne davon selbst einen Nutzen zu haben?

Esther spürte ihre Beine nicht mehr. Das Blut konnte nicht richtig zirkulieren; ihre Oberschenkel waren am Stuhl festgefroren und schmerzten unerträglich. Das Einzige, was sie in den Beinen spürte, war der scharfe Schmerz, der sie durchzuckte, wenn sie versuchte, die Zehen zu bewegen. Und am nächsten Tag erwartete sie die gleiche Prozedur. Eine ganze Woche lang fesselte man sie an diesen Stuhl, vom frühen Morgen bis zum Abend. Nach dieser Zeit brutaler Misshandlung und Verhöre verurteilte man sie ohne Gerichtsverhandlung zu zweieinhalb Jahren Haft – Urteilsbegründung: Unterstützung einer kriminellen Vereinigung.

Noch immer hatte man ihr nicht erlaubt, ihre Familie zu benachrichtigen, wo sie war. Sie hatte kein Geld, um sich wärmere Kleidung oder Decken zu kaufen, und es gab niemanden, der das für sie hätte tun können. Sie musste sich ganz auf Gott verlassen. Und so blieb sie bei ihrem Entschluss: Sie würde fasten und beten.

19

Wunder hinter Gittern

Eine Frau in Esthers Nachbarzelle hatte mitbekommen, dass Esther Christin war, und verachtete sie dafür. Es war eine grobe Frau mit rauen, schwieligen Händen, die Esther an eine Landarbeiterin erinnerte. Sie half den Aufsehern, die Gefangenen in Schach zu halten, obwohl sie selbst eine Gefangene war. Sie beobachtete Esther auf Schritt und Tritt und gab ihr zu verstehen, dass sie den kleinsten Verstoß gegen die geltenden Vorschriften sofort melden würde. Esther wusste nicht, was das heißen sollte, aber sie ließ sich nicht einschüchtern. Diese Frau genoss es, wenn andere sie fürchteten und vor ihr zitterten. Dass ihr das bei Esther nicht gelang, erboste sie umso mehr.

Die Aufseher waren auf diese Frau angewiesen, um an weitere Informationen über die Gefangenen zu kommen. Im Gefängnis bedeutet Information Macht und die Wachen brauchten jedes Stück Information, das sie kriegen konnten, um sicherzustellen, dass das System reibungslos funktionierte. „Hör zu, Christin", zischte die Frau, als man Esther in die Zelle zurückbrachte, „fang hier drin bloß nicht mit dieser Beterei an, hörst du? Ich will nichts davon hören. Und die Gefängnisleitung auch nicht. Und verlass dich drauf: Ich werde dafür sorgen, dass wir kriegen, was wir wollen."

Esther neigte einfach den Kopf in ihre Richtung und die schlichte Geste provozierte die Frau. „Wachen!", schrie sie durch den Gang. „Die Christin betet! 27 betet!" Es klang wie das Gejammer einer Fünfjährigen, die sich bei den Eltern beschwert, weil der ältere Bruder sie geärgert hat.

Unverzüglich schlugen Türen, Stiefel trabten in Richtung von Esthers Zelle. Zwei Aufseher erschienen, schwangen ihre Knüppel und begannen, auf Esther einzuschlagen. Die Frau nebenan verfolgte alles mit Genugtuung.

„Vielleicht solltest du beten, dass sie bald aufhören, was?", lachte sie, während Esther sich unter den Schlägen krümmte. Was vorher wütender Hass gewesen war, verwandelte sich in hämische Befriedigung, während sie der Misshandlung zusah. Obwohl man sie prügelte, weil sie betete, konnte Esther nichts anderes tun als ebendas. Es war ihre automatische Reaktion. Immer, wenn sie Angst hatte oder Schmerzen litt, wusste sie: Auf Jesus konnte sie sich verlassen.

Nach einer Weile wurde den Wachen klar, dass Schläge Esther nicht vom Beten abhalten würden. Sie änderten die Taktik. Sie zwangen sie, sich hinzuknien, die Hände auf die Oberschenkel zu legen, den Rücken gerade zu halten und starr geradeaus zu schauen, ohne die Augen zu schließen. Sobald sie den Kopf sinken ließ, würde die alte Frau in der Nachbarzelle die Wachen alarmieren und die würden sofort zur Stelle sein.

Als Esther sich an diesem Abend schlafen legte,

schmerzte ihr ganzer Körper dermaßen, dass sie sich nicht lang ausstrecken konnte. Am nächsten Tag beschloss sie wieder, nichts zu essen, sondern ihr Fasten fortzusetzen. Sie wusste nicht, was sie sonst tun konnte.

Am nächsten Tag fiel Esther auf, dass an den Wänden der Gänge die Vorschriften aufgehängt waren, die im Gefängnis galten. In großen roten Buchstaben stand da ganz eindeutig, dass es den Wachen verboten war, die Gefangenen anzurühren. Esther war fassungslos. Da stand die Vorschrift; jeder konnte sie lesen.

Als die Wachen am nächsten Morgen erschienen und sie wie gewohnt am Haar packten, um sie wie ein Tier aus der Zelle zu zerren, sagte sie sehr bestimmt: „Fassen Sie mich nicht an."

Der Aufseher hob die Hand, um sie für diese Frechheit zu ohrfeigen, aber sie wies nur rasch und entschieden auf das Plakat mit den Vorschriften. „Das Gesetz Chinas bestimmt, dass Gefangene nicht misshandelt werden dürfen. Dort steht die Vorschrift, klipp und klar. Das habe nicht ich geschrieben. Es ist eine Anordnung der chinesischen Regierung." Augenblicklich sah sie Furcht in den Augen des Aufsehers. Wie die meisten Wachen war er Analphabet. Aber er wusste, dass er mit einer schweren Strafe rechnen musste, wenn er die geltenden Vorschriften missachtete oder bei irgendwem von Bedeutung Anstoß erregte, und sei es auch nur aus Unwissenheit.

Esther bedeutete dem Mann mit einer Handbewegung, dass er vorangehen solle und sie ihm folgen würde. Sie brauchte beide Hände, um ihre Hose festzuhalten, die ihr viel zu weit war. Während sie durch die Gefängnisgänge lief, betete sie – um Schutz für sich selbst, aber auch um Rettung für alle, die hier mit ihr gefangen waren. Sie betete für die Frau, die sie immer an die Wachen verriet. Sie bat darum, dass Gott Gelegenheiten schaffen würde, bei denen sie ihr mit Liebe und Freundlichkeit begegnen konnte.

Predigerin hinter Gittern

Eines Tages bekam Esther ihre Chance. Es gelang ihr, mit der tyrannischen alten Frau ein Gespräch zu beginnen und ihr schließlich von Jesus und seiner Liebe zu erzählen. Nach sehr kurzer Zeit öffnete die verhärtete alte Frau ihr Herz für Gott, vertraute Jesus ihr Leben an und alles veränderte sich.

Statt Esther zu verraten, wenn sie betete, schloss sie sich nun dem Gebet an. Esther brachte ihr ein paar Loblieder bei, die sie gemeinsam in ihren Zellen sangen. Keiner der Aufseher schritt ein, denn sie brauchten die Alte nach wie vor, damit alles reibungslos ablief. Sie war zu wertvoll für die Wache, als dass sie sich mit ihr angelegt hätten. Und nach diesem Tag zeigte sich sehr bald, dass die Wachmannschaft nicht unbedingt scharf darauf war, eine Gefangene wie Esther noch sehr viel länger in dieser Anstalt zu haben.

Jeder Tag ihrer Gefangenschaft forderte Esther geistig und emotional aufs Äußerste. Besonders schlimm war es, als sie erfuhr, dass einige der Nordkoreaner, die man in ihrem Haus verhaftet hatte, von einem chinesischen Erschießungskommando hingerichtet worden waren. Die restlichen hatte man nach Nordkorea abgeschoben, wo sie vermutlich das gleiche Schicksal erwartete.

Auch körperlich kam Esther an ihre Grenzen. Die Verhältnisse in diesem Gefängnis waren zeitweise kaum zu ertragen. Eiskalte Füße waren ein Dauerzustand. Etliche Male untersuchte man sie auf Erfrierungen. Das Wasser gefror in den Leitungen; Baden oder Duschen war jenseits des Vorstellbaren. Das Trinkwasser war wie erwähnt mit Abwässern verunreinigt. Kameras zeichneten die kleinste Bewegung auf, selbst den Gang zur Toilette.

Aber trotz der unmenschlichen Bedingungen brachte jeder Tag auch kleine Freuden. Esther hielt an ihrem Fasten und Beten fest und etliche Mitgefangene fanden zum Glauben. Esther erzählte ihnen aus der Bibel und sang christliche Lieder mit ihnen. Sie war „eine Botin Christi in Ketten", wie es Paulus auch von sich sagt (Epheser 6,20). Der Ort, an den man sie verschleppt hatte, um sie daran zu hindern, das Evangelium weiterzugeben, wurde ihre Kanzel, von der sie Christus verkündete.

Bald war es spürbar, dass der Heilige Geist unter den Gefangenen deutlich am Werk war. Die Hoffnungslosen fanden neue Hoffnung, gebrochene Menschen erfuhren Heilung. Gespräche und jede andere Form der Kommunikation in den Zellen waren zwar verboten. Aber seit nun eine der Hauptinformantinnen in Esthers Zelle verlegt war, genossen Esther und ihre Zellengenossinnen einige Privilegien im Vergleich zu den anderen Gefangenen. Die Wachen hatten Angst vor der alten Frau in Esthers Zelle, die nun Esthers Glauben teilte, und so ließ man sie in Ruhe.

Das Gebet des Glaubens

„Esther, wofür sollen wir beten?", fragte eine der jüngeren Frauen, die erst kürzlich zu Jesus gefunden hatte.

„Für alles", antwortete Esther. „Gott hört jedes Gebet, egal, wo wir sind. Sprecht einfach mit ihm. Das Gebet ist unsere Verbindung zu Gott. Sagt ihm eure Ängste, eure Wünsche und was euch Sorgen macht. Er hört euch und er wünscht sich nichts mehr als eine Beziehung zu euch."

„Kümmert es ihn, dass wir kein Wasser haben?", fragte die junge Frau unschuldig.

„Ja, es kümmert ihn", sagte Esther und ahnte, was nun kam.

„Können wir um Wasser zum Baden beten?"

Das war wirklich ein Test. Alle in der Zelle spitzten die Ohren. Niemand wollte jetzt irgendwelche Erklärungen hören, warum Gott Gebete erhörte oder nicht erhörte. Dies war ein Moment, in dem kindlicher Glaube verlangt war, auch wenn Esther nicht wusste, wie die Sache ausgehen würde.

„Ja, wir können darum beten. Aber ich kann nicht versprechen, was passieren wird. Gott hat gesagt, dass er uns gibt, wonach unser Herz sich sehnt. Aber wenn wir ihm unser Herz öffnen, verändert sich diese Sehnsucht manchmal und wir merken auf einmal, dass wir uns vor allem danach sehnen, ihm ähnlicher zu sein."

„Und wenn wir Jesus ähnlicher sind, wünschen wir uns kein Wasser zum Baden mehr?"

„Ach was. Also kommt, lasst uns beten und fest glauben, dass Gott uns erhören wird." Esther griff nach der

Hand der Frau, die gefragt hatte, und lud die anderen ein, sich ebenfalls an den Händen zu fassen. Sie beteten gemeinsam mit Ernst und Inbrunst und legten Gott eine schlichte Bitte vor.

Esther wusste wirklich nicht, was passieren würde. Sie hatte noch nie im Leben um Wasser gebetet. Um genau zu sein, hatte sie noch nie um etwas gebetet, was zum Überleben nötig war. In jüngster Zeit waren ihre wichtigsten Gebetsanliegen ihre Gesundheit und ihre Freilassung. Sie wollte nicht länger die Misshandlungen hier ertragen. Aber jetzt betete sie in vollem Ernst um Wasser zum Baden.

Nach dem Gebet ging sie zum Wasserhahn und drehte ihn auf. Warmes Wasser strömte heraus! Allen verschlug es die Sprache. Bald wusste jeder im ganzen Gefängnis davon. Esther und ihre Zellengenossinnen konnten sich endlich die Haare waschen.

Die Wärme des Wassers belebte Esthers ganzen Körper und sie fühlte sich erholt und erfrischt. Als die Wachen erfuhren, was passiert war, erschienen sie in der Zelle, um das Wasser zu testen. Ihnen erschien es kalt. Aber für Esther und die anderen Frauen war es warm und wohlig. Es war ein Wunder für alle, die daran glaubten.

Veränderung in der Zelle

An diesem Tag wurden alle Frauen in Esthers Zelle Christinnen. Alle, bis auf eine. Diese eine Frau war körperlich sehr imposant. Ihre stattliche Größe zeigte, dass sie aus Nordchina kam; die Nordchinesen waren schon immer deutlich größer als ihre Landsleute im Süden. Esther reichte ihr gerade einmal bis an die Achseln.

Diese Frau hatte eine schwere Kindheit gehabt und war schon als Jugendliche und seither immer wieder im Gefängnis gewesen. Sie misshandelte andere Gefangene, um zu bekommen, was sie wollte. Wenn sie mehr zu essen wollte, nahm sie es sich von den anderen. Niemand wehrte sich, weil die anderen körperlich gegen sie nicht ankamen.

Ein paar Tage nachdem warmes Wasser aus dem Hahn gekommen war, kam sie auf Esther zu. „Kann Gott mich tatsächlich hören, wenn ich zu ihm bete?"

„Ganz sicher. Du hast ja gesehen, er kümmert sich sogar um solche Kleinigkeiten wie warmes Wasser. Wir mögen zwar im Gefängnis sein und uns von aller Welt verlassen vorkommen, aber ich versichere dir: Gott hat uns keinen Augenblick lang vergessen. Er hat dich nach seinem Bild geschaffen und er liebt dich von Herzen. Du bist seine Tochter und er denkt in jedem Moment deines Lebens an dich."

Die Frau bat Esther, mit ihr zu beten. Als die Wachen sahen, dass die beiden Frauen gemeinsam beteten, reagierten sie sofort. „Aufhören!", befahlen sie. Ohne nachzudenken, schrie Esther zurück: „Lasst uns in Ruhe. Wir beten." Anschließend war sie von sich selbst überrascht. Sie fürchtete die Wachen nicht mehr. Sie war inzwischen im Gefängnis die Überlegene. Je länger sie hier war, umso weniger Macht hatten die Aufseher über sie.

Nach dem Wunder mit dem warmen Wasser beschlossen die Frauen, auch um sauberes Trinkwasser zu beten. Wieder predigte Esther, dass Gott keine Zauberfee ist, die jeden Wunsch erfüllt und sich Bedingungen stellen lässt. „Glaubst du, er kann uns sauberes Trinkwasser geben?", beharrte eines der Mädchen auf ihrem Wunsch.

„Ja, aber wenn er es nicht tut, werde ich trotzdem weiter an ihn glauben. Er hat so viel für mich getan, dass ich ihn immer lieben werde, auch wenn er keines meiner Gebete mehr erhört. Er hat mir bereits so viel geschenkt. Er schuldet mir nichts. Aber ich weiß, dass er lebt und dass er tun kann, was er will. Lasst uns also beten."

Nachdem sie Gott auch ihre Bitte um sauberes Trinkwasser vorgetragen hatten, erhielten sie, worum sie gebetet hatten: Das Wasser, das aus dem Hahn floss, war erkennbar sauber und trinkbar. Alle staunten und priesen Gott laut hörbar. „Dein Gott ist tatsächlich wunderbar, Esther!", gestand sogar einer der Aufseher, als er das Wunder sah.

Ja, ihr Gott *war* wunderbar und er wirkte in diesem Gefängnis nachhaltig durch seine Jüngerin Esther. Das größte Wunder, das sich in Esthers Zelle zutrug, war aber nicht das saubere Trinkwasser, sondern die Veränderung im Leben der Frauen, die mit ihr dort gefangen waren. Bevor sie dazugekommen war, hatten die Frauen sich gegenseitig an die Wachen verraten, um selbst einen kleinen Vorteil zu ergattern. Loyalität untereinander war unbekannt gewesen. Aber nachdem inzwischen alle Frauen in der Zelle Christinnen geworden waren, begegneten sie einander mit Liebe und Fürsorge. Es war eine Verbundenheit und gegenseitige Verpflichtung unter ihnen gewachsen, wie keine von ihnen sie je zuvor erlebt hatte.

Auch die Wachen merkten bald, dass sich etwas verändert hatte. Die Gefangenen waren nicht mehr so feindselig. Es kam deutlich seltener vor, dass Gefangene andere anschwärzten. Aber diese Entwicklung machte die Aufseher misstrauisch. Sie erkannten, dass eine solche Veränderung sehr leicht zu einer Revolte führen konnte. Solange unter den Insassen Feindschaft herrschte, war es leicht, sie unter Kontrolle zu halten. Aber wenn die Gefangenen sich miteinander verbündeten, konnte es rasch zu einem Machtkampf mit ihren Bewachern kommen. Sie wussten auch, dass Esther der Grund für die neue Einigkeit war und dass ihre Hauptrivalin inzwischen auf ihrer Seite war. Es war deutlich, dass die Freundschaft zu Esther der früheren Informantin mehr bedeutete als alles, was die Wachen ihr anzubieten hatten. Sie konnten sich nicht erklären, warum, aber sie wussten, dass die Situation sich gefährlich zuspitzte.

Es gab nur eine Lösung: Esther musste hier weg, und das möglichst unauffällig. Man informierte den Anstaltsleiter über das Problem und der ließ Esther in sein Büro rufen. Als sie hereingeführt wurde, hielt er sich nicht lange mit Belanglosigkeiten auf, sondern kam direkt zur Sache.

„Esther, es geht um deine Haftentlassung", sagte er ohne Umschweife.

Esther traute ihren Ohren nicht. Sie hatte erst knapp zwei von den dreißig Monaten Haft hinter sich, zu denen sie verurteilt worden war. Konnte das wahr sein? Tränen traten ihr in die Augen.

„Wenn du ein Entlassungsgeld zahlst, lassen wir dich frei", fuhr der Anstaltsleiter fort.

„Aber ich habe kein Geld und meine Familie weiß nicht, dass ich hier bin. Es gibt niemanden, den ich bitten könnte, das Geld für mich zu beschaffen."

Der Gefängnisleiter überlegte kurz. „Wir werden

Kontakt zu deiner Familie aufnehmen und die Dinge in Gang setzen." In dieser Nacht hatte Esther einen Traum, der ihr bestätigte, dass sie dieses Gefängnis bald verlassen würde.

Wenige Tage später erschien Esthers Bruder, der Verbindungen in Regierungskreise hatte, im Gefängnis und zahlte die geforderte Summe für ihre Entlassung. Als sie aus dem Gefängnistor trat, begann es gerade zu schneien. Sie sah zu, wie die Flocken zu Boden fielen, betrachtete die Reinheit des Schnees und nahm den Frieden dieses Augenblicks tief in sich auf. Seit mehr als einem Monat hatte sie kein Tageslicht mehr gesehen. Die ganze Zeit hatte sie in einer unterirdischen Zelle verbracht.

Esther atmete tief durch und genoss die klare Luft. Aber sie vergaß ihre Freundinnen nicht, die weiterhin in der Zelle saßen. Sie waren jetzt Christinnen und würden nun ohne eine Bibel und ohne jemanden, der sie im Glauben weiterführte, auskommen müssen. Sie betete, dass Gott sich über jede einzelne ihrer Mitgefangenen erbarmte, dass er die Gemeinschaft unter ihnen stärkte und dass sie gemeinsam nach ihm suchten und zu ihm beteten.

Esther stand vor dem Gefängnistor und ihr Bruder winkte ein Taxi heran. Sie stiegen ein und fuhren los. Das Gefängnis blieb hinter ihnen zurück und Esther konnte anfangen, die traumatische Zeit, die sie darin verbracht hatte, hinter sich zu lassen.

Bereits nach fünf Minuten in diesem Taxi fing Esther an zu überlegen, wie sie die nordkoreanischen Flüchtlinge noch besser mit dem Evangelium erreichen konnte, wenn sie wieder zu Hause war. Sie stand am Beginn einer neuen Epoche ihrer Berufung.

Nachwort

Nach ihrer Entlassung aus dem Gefängnis in Nordchina widmete sich Esther unverzüglich wieder ihrem Dienst an den Untergrundgemeinden in Nordkorea. Einige Jahre lang konnte sie das relativ ungestört tun. Aber das änderte sich, als ihr Glaubensschüler Peter angeschossen und verhaftet wurde, während er versuchte, über die Grenze nach China zu gelangen. Davon berichtete sie am Anfang dieses Buches. Die Polizei entdeckte, dass Esther noch immer „Illegalen" half. Außerdem deckten sie auch einen Attentatsplan der nordkoreanischen Regierung gegen Esther auf. Der ominöse Anruf von Peters Handy vom Anfang dieser Geschichte leitete eine dramatische Wendung in Esthers Leben und Dienst ein. Es war klar, dass sie ihr Heimatland verlassen musste, und zwar so schnell wie möglich.

Mit der Hilfe einiger einheimischer und ausländischer Freunde gelang es Esther, mit ihrer Familie aus China zu fliehen. Die Polizei war ihnen immer dicht auf den Fersen. Dort, wo sie inzwischen lebt, gelten ihre Liebe und ihr Dienst noch immer den Menschen, die aus Nordkorea fliehen. Aber es ist ihr auch wichtig geworden, etwas von der verlorenen Zeit mit ihrem Sohn und ihrem Mann aufzuholen. Die monatelangen Trennungszeiten,

wenn sie in Nordkorea war, und die anstrengenden Haftzeiten haben die Familie schwer belastet. Esther versteht
ihre jetzige Lebenssituation als Gelegenheit, sich ihrem
Mann und ihrem Sohn zu widmen, der mittlerweile in
den Zwanzigern ist.

Die Rettung der Menschen in Nordkorea bleibt ihr
Herzensanliegen. Aber sie versteht ihr momentanes Exil
als Geschenk von Gott, als Gelegenheit, die Bindung zu
ihrer Familie und auch ihre eigene Gesundheit wieder zu
stärken. Aufgrund der Folter im chinesischen Gefängnis
hat sie noch immer Probleme mit ihren Beinen. Wie Paulus und zahllose andere Glaubenszeugen trägt ihr Körper
die Spuren dessen, was sie für Christus erlitten hat.

Peter, einer der vielen Nordkoreaner, die durch Esther
zum Glauben gefunden haben, erholte sich von seiner
Schusswunde. Überraschenderweise wurde er aus dem
Gefängnis entlassen und lebt heute ebenfalls in einem anderen Land.

Esther wusste, dass ihre Geschichte erzählt werden
muss. Aber sie hat darum gebeten, alle Namen, Ortsanga-
ben und auch die Reihenfolge mancher Ereignisse zu verändern, um die zu schützen, die für die „illegalen" Nordkoreaner in China arbeiten. Auch Einzelheiten über die
Verhöre während ihrer Haftzeiten wurden weggelassen,
weil solche Methoden vielleicht nur in bestimmten Gefängnissen oder Bezirken eingesetzt werden, die auf diese
Weise leicht zu identifizieren wären.

Der Co-Autor dieses Buches hat einige Jahre in China
mit Esther zusammengearbeitet und geholfen, Hörbibeln
und andere Materialien für die Untergrundkirche in Nordkorea zu beschaffen. Er gehörte auch zu dem Team, das

Peter zurück nach Nordkorea geschmuggelt hatte, bevor er später in China verhaftet wurde.

Während der Interviews für dieses Buch bat Esther darum, allen Lesern die folgenden Gebetsanliegen ans Herz zu legen:

„Ich habe nur eine bescheidene Bitte. Beten Sie weiter für die Menschen in Nordkorea.

1. Beten Sie für Christen in nordkoreanischen Gefängnissen und Lagern.

2. Beten Sie für die etwa 23 000 nordkoreanischen Flüchtlinge in Südkorea, die als Christen leben wollen. Beten Sie, dass Gott Türen öffnet, damit sie nach Nordkorea zurückkehren und dort ungehindert das Evangelium verbreiten und Gemeinden gründen können.

3. Beten Sie für die mehr als 100 000 nordkoreanischen Flüchtlinge, die illegal in China leben, um Schutz, Sicherheit und darum, dass sie zum lebendigen Glauben an Christus finden.

4. Beten Sie für die chinesischen Christen, die täglich ihr Leben riskieren, um das Evangelium nach Nordkorea zu bringen, oder die den nordkoreanischen Flüchtlingen in China helfen und ihnen den Glauben an Jesus weitergeben. Einige Mitglieder meiner Familie engagieren sich weiter in dieser Arbeit, während ich fort bin. Ihre Gebete um Schutz und Sicherheit für sie bedeuten mir sehr viel.

Esther"

Zhang Rongliang

Bis zum Äußersten

Mein Leben mit Christus in China

ISBN Taschenbuch 978-3-7655-4298-5
auch als E-Book erhältlich

Er ist jung und hat eine vielversprechende Parteikarriere vor sich. Sein neuer christlicher Glaube scheint gut zu den Zielen der Kommunistischen Partei Chinas zu passen. Bis ihm kurz vor seiner Taufe aufgeht, dass er in große Schwierigkeiten geraten könnte ...

Zhang kommt aufgrund seines Glaubens an Jesus insgesamt mehr als 15 Jahre in Haft. Er wird aber auch Zeuge der beispiellosen Erweckung, die in China seit den 1980er-Jahren anhält. Vor den Augen der Leser entfaltet sich das tief bewegende Leben eines Menschen, der in seiner Hingabe an Jesus bis zum Äußersten geht.

Mit einem Vorwort seines Freundes Bruder Yun, dem „Heavenly Man".

Jan Vermeer

Das Haus mit dem Zeichen

**Eine Geschichte über Freundschaft,
Verrrat und Vergebung in Nordkorea**

ISBN Taschenbuch 978-3-7655-4136-0

Bitterer Hunger herrscht in Nordkorea. Wenn man keinen Parteiposten hat, bleiben zum Essen nur Blätter und Gras. Der junge Zhang macht sich auf den Weg ins große Nachbarland China. Sein bester Freund Jin begleitet ihn. Die beiden 19-Jährigen haben sich geschworen, ihr ganzes Leben füreinander einzustehen. In China findet Zhang Rettung im Haus mit dem unbekannten Zeichen. Nach seiner Rückkehr muss er unter dramatischen Umständen erkennen, dass sein Freund ihm nicht mehr die Treue hält. Trotz aller Tragik gibt es am Ende für Zhang ein Finale der Hoffnung.

Eine ergreifende Geschichte von Liebe, Schmerz, Hoffnung und Vergebung.

Soon Ok Lee

Lasst mich eure Stimme sein

**Sechs Jahre in
Nordkoreas Arbeitslagern**

ISBN Taschenbuch 978-3-7655-3848-3
auch als E-Book erhältlich

Sie glaubte der Propaganda: Die Menschen in Nordkorea waren mit dem besten System und dem besten Regenten der Welt gesegnet. Sie hatte eine gute Position in der Wirtschaft: Sie bestellte und teilte begehrte Importgüter aus dem Ausland zu. Da gerät sie durch eine Intrige in einen Machtkampf zwischen Partei und Sicherheitsapparat. Trotz ihrer Treue zur Partei wird Soon Ok Lee zu 13 Jahren Arbeitslager verurteilt und erträgt dort unvorstellbare Leiden. Nach 6 Jahren wird sie überraschend entlassen. Zusammen mit ihrem Sohn gelingt ihr die Flucht nach Südkorea. In ihrem Herzen hat sie den 6000 Gefangenen ihres Lagers versprochen: Sie würde im Ausland von ihren Qualen erzählen. Sie würde Zeugnis ablegen für die Hölle, durch die diese Menschen gehen. Jetzt hat sie ihr Versprechen eingelöst.

7